E. GOMEZ CARRILLO

LE
SOURIRE DU SPHINX

— SENSATIONS D'EGYPTE —

TRADUIT DE L'ESPAGNOL
PAR
JACQUES CHAUMIÉ

Préface d'Henri LAVEDAN
de l'Académie française

PARIS
BIBLIOTHÈQUE-CHARPENTIER
EUGÈNE FASQUELLE, ÉDITEUR
11, RUE DE GRENELLE, 11
1918

Extrait du Catalogue de la BIBLIOTHÈQUE-CHARPENTIER
à 3 fr. 50 le volume
EUGÈNE FASQUELLE, ÉDITEUR, 11, RUE DE GRENELLE

VOYAGES

AJALBERT (Jean)	Sao Van Di (Mœurs du Laos)	1 vol.
ANCEY (Georges)	Athènes couronnée de violettes	1 vol.
ARÈNE (Jules)	La Chine familière	1 vol.
BAC (Ferdinand)	Vieille Allemagne	2 vol.
—	Le Mystère vénitien	1 vol.
—	Chez Louis II, roi de Bavière	1 vol.
—	L'Aventure italienne	1 vol.
BERNARD (Fernand)	L'Indo-Chine	1 vol.
BERR (Émile)	Chez les Autres	1 vol.
BERTRAND (Louis)	La Grèce du Soleil et des paysages	1 vol.
BESNARD (Albert)	L'Homme en rose (L'Inde couleur de sang)	1 vol.
BONNETAIN (Paul)	Au Tonkin	1 vol.
COTTEAU (Edmond)	Promenades dans les deux Amériques	1 vol.
DAUZAT (Albert)	L'Italie nouvelle	1 vol.
—	La Suisse moderne	1 vol.
—	Mers et Montagnes d'Italie	1 vol.
DUTEMPLE (Ed.)	En Turquie d'Asie	1 vol.
EBERHARDT (Isabelle)	Notes de Route (illustré)	1 vol.
— et BARRUCAND (V.)	Dans l'ombre chaude de l'Islam	1 vol.
ERNOUF	Du Weser au Zambèze	1 vol.
FAURE (Gabriel)	Heures d'Italie	3 vol.
—	Paysages littéraires (1re série)	1 vol.
FOURNEL (Victor)	Voyages hors de ma chambre	1 vol.
FRANCE (H.)	Sac au dos à travers l'Espagne	1 vol.
FRESCALY (Lieut. Palat)	Journal de Route	1 vol.
GAUTIER (Th.)	Voyage en Russie	1 vol.
—	Voyage en Espagne	1 vol.
—	Voyage en Italie	1 vol.
—	L'Orient	2 vol.
—	Constantinople	1 vol.
—	Loin de Paris	1 vol.
GÉRARD DE NERVAL	Voyage en Orient	2 vol.
GONCOURT (Edmond et Jules de)	L'Italie d'hier (illustré)	1 vol.
HURET (Jules)	En Amérique	2 vol.
—	En Allemagne	4 vol.
—	En Argentine	2 vol.
JEANNEST (Ch.)	Quatre années au Congo	2 vol.
LECOMTE (Georges)	Espagne	1 vol.
REINACH (Joseph)	Voyage en Orient	2 vol.
SERVIÈRES (Georges)	Cités d'Allemagne	1 vol.
SILVESTRE (Armand)	La Russie (illustré)	1 vol.
SIMONIN	Le Grand-Ouest des États-Unis	1 vol.
—	A travers les États-Unis	1 vol.
TCHENG-KI-TONG (Général)	Le Roman de l'homme jaune	1 vol.
—	Mon Pays	1 vol.
THOMAS ANQUETIL	Aventures et chasses dans l'Extrême-Orient	3 vol.
WALEFFE (Maurice de)	Les Paradis de l'Amérique centrale	1 vol.
WEISS (J.-J.)	Au Pays du Rhin	1 vol.

LE
SOURIRE DU SPHINX

DU MÊME AUTEUR

La Grèce éternelle, traduit par Ch. Barthez (Perrin et Cie).

Terres lointaines, traduit par Ch. Barthez (Garnier frères).

Fleurs de pénitence, traduit par Ch. Barthez (Garnier frères).

Psychologie de la Mode, traduit par Ch. Barthez (Garnier frères).

L'Ame japonaise, traduit par Ch. Barthez (Sansot et Cie).

Pèlerinage passionné, traduit par A. Glorget (Louis-Michaud).

Parmi les Ruines : De la Marne au Grand Couronné, traduit par J.-N. Champeaux (Berger-Levrault).

Le Sourire sous la Mitraille, traduit par Gabriel Ledos, (Berger-Levrault).

Au Cœur de la Tragédie, traduit par Gabriel Ledos (Berger-Levrault).

Le Sourire du Sphinx, traduit par Jacques Chaumié (Eugène Fasquelle).

IL A ÉTÉ TIRÉ DE CET OUVRAGE

10 Exemplaires numérotés sur papier de Hollande.

E. GOMEZ CARRILLO

LE
SOURIRE DU SPHINX

— SENSATIONS D'ÉGYPTE —

TRADUIT DE L'ESPAGNOL

par

JACQUES CHAUMIÉ

Préface d'Henri LAVEDAN
de l'Académie Française.

PARIS
BIBLIOTHÈQUE-CHARPENTIER
EUGÈNE FASQUELLE, ÉDITEUR
11, RUE DE GRENELLE, 11

1918
Tous droits réservés.

A Maurice MAETERLINCK

qui m'a appris à regarder avec sérénité la Vie et la Mort, et à ne me troubler que devant la Beauté.

Son admirateur et son ami de tout cœur.

E. G. C.

PRÉFACE

Je viens, d'un trait, de lire — et de bien lire — les Sensations d'Égypte que, sous ce titre de mystère énigmatique et rassurant à la fois : *Le Sourire du Sphinx*, a réunies, dans un livre prestigieux et neuf, d'une rare saveur personnelle, mon éminent confrère et ami M. Gomez Carrillo. Et, bien que cette lecture, par l'intensité de son charme, par l'abondance variée des images, des réflexions, des pensées et des rêves, qu'à chaque page, à chaque ligne elle suscite et développe, m'ait laissé pénétré et comme agréablement envahi de cette exquise et profitable langueur qui suit les belles émotions, les émotions ressenties avec reconnaissance et une grande pureté de joie, et se suffisant à elles-mêmes sans que l'on soit tenté de les vouloir analyser... malgré cela, ou plutôt à cause de cela, j'aurais pourtant un véritable plaisir de gratitude à essayer de chercher, de trouver et de dire les raisons du bénéfice tout particulier que j'ai retiré de mon incomparable voyage en Egypte, avec Gomez Carrillo.

Je n'ai pas à vous présenter le célèbre écrivain espagnol, cet ardent et pieux observateur, ce voyageur cordial et pensif, ni à vous apprendre ce qu'il est. Vous le connaissez. Mais je retiens et je répète, pour le souligner, ce mot scientifique et mélancolique, ce mot précis, errant et touchant, de « voyageur », parce qu'il me paraît s'appliquer exactement à la nature de son esprit et le résumer en le désignant. Carrillo est *un voyageur*, dans la plus large et noble acception, un voyageur de pays, de terres et de cieux, d'océans et de rivages, d'espaces, de grandes étendues, de plaines d'en bas et d'en haut, de sommets de toutes sortes, et un voyageur de mœurs, de religions, d'hommes, de caractères et d'âmes... Il est le géographe patient et sûr, tendre et rigoureux de toutes ces contrées. Il semble fait et composé à dessein par ses moyens acquis et par ses dons innés pour se promener librement, durant toute la vie, à travers les paysages de nature et d'humanité, et les décrire. Mais comment? C'est ici qu'à la lecture, j'allais dire à la « promenade » de ses livres, apparaît, éclate et s'impose le sortilège charmant de sa « manière », qui n'en est pas une, tellement elle est déconcertante de naturel, de simplicité, de grâce, d'aisance, de franchise et de séduction loyale.

J'ai rarement vu un aussi curieux exemple, un assemblage aussi fondu d'indépendance et de souplesse, d'enthousiasme et de raison. En écrivant, ce styliste accompli ne fait pour ainsi dire aucunement fonction d'écrivain... il ne donne pas une seconde l'impression du virtuose délibéré, tout en étant capable de toutes les prouesses imaginatives et de toutes les gageures de forme... Il « s'oublie », en quelque sorte, la plume à la main, pour n'être plus qu'un homme, fragile et fort, supérieurement armé et doué, qui s'exprime dans la confiance et la richesse de sa nature, dans l'expansion d'une sensibilité primitive et raffinée sans que perce chez lui la pointe de la plus légère coquetterie de lettres. Il n'est pas cet acteur, ce comédien de soi-même, ce jongleur, ce baladin de ses propres sensations, de ses émois réussis, que le mandarin de la langue et des mots a tant de peine à réprimer, à empêcher à tout instant d'entrer en scène et de déborder... Tout en allant, venant, même en s'échauffant, Carrillo ne se grise pas de la belle tournure de ses idées, de la musique et du son de ses phrases. Qu'elle soit un coursier fougueux ou un ânon d'Arabie, toujours il reste maître de sa monture et aussi de son attelage, des quadriges qu'il mène avec une habitude de maestria qui s'ignore, et il ne *pose* pas, ni pour lui, ni pour les autres. L'observât-on sans bienveillance et dans un parti pris de sévérité, on ne le surprendrait pas en faute de complaisance vaniteuse. Il ne s'écoute pas parler même dans le désert. Il ne se regarde pas penser dans la glace, ni dans le miroir des lacs. Il n'est pas le Narcisse de sa prose... Non... il se laisse aller, en dehors de tout programme, de toute préméditation d'école ou de procédé, dans une espèce d'ingénuité, de bonne éducation morale ravissante, et sans avoir l'air de se douter du charme sûr et vainqueur que dégage la limpide hardiesse de son esprit. Jamais, en le lisant, on n'éprouve cette secrète et invincible nausée littéraire que finit à la longue par amener chez certains, parmi les meilleurs, l'exercice soutenu d'une façon de voir, de sentir et de rendre, adoptées et fixées une fois pour toutes. Et, cependant, quoique dépouillés de prétentions et d'apprêts littéraires, les livres de cet écrivain, épanoui dans la pleine jeunesse d'un merveilleux talent, dont il est maître au lieu d'en être prisonnier, restent empreints, malgré lui, du *parfum de lettres* le plus pur et le plus suave, du parfum caché, subtil et pénétrant des fleurs de science, d'art et de beauté, coupées longtemps à l'avance, évaporées, desséchées, mais dont l'arome reste encore assez persistant pour faire en dessous un fond embaumé, une espèce de tapis odorant et d'inaltérable douceur sur lequel viennent passer et marcher plus à l'aise toutes les fantaisies du poète voyageur.

Carrillo ne se contente pas d'être une sensibilité agitée à tous les souffles, frissonnante à tous les contacts, sans cesse en état de vibrer... de se déployer, et ne pouvant donner que le cadeau de son trouble et de son émoi; il possède en plus une connaissance solide et claire des sujets qu'il visite, parcourt et traverse comme des pays qui lui étaient familiers avant qu'il y soit venu.

D'une science étendue et discrète, de modestie et de profondeur orientale, il ne vide pas à propos de rien les coffres de ses trésors, mais fait comprendre qu'ils sont pleins; il a l'attachement et le détachement, la tranquillité du philosophe et la fougue momentanée de l'érudit; il sait toujours ce dont il parle et comment il en faut parler, et ses flammes, quand elles jaillissent, ne sont pas des feux de commande, mais ont couvé longtemps, et viennent de loin, d'un foyer nourri, et elles suivent bien leur marche de flammes pour ralentir et s'éteindre en sagesse, en raison, dans la courbe normale que veulent toutes les manifestations naturelles et humaines.

Cette harmonie répandue dans l'œuvre de Carrillo lui communique une incroyable autorité. Quoi qu'il entreprenne, quoi qu'il interroge et regarde, en quelque lieu du Japon, de Palestine ou de l'Hellade qu'il se trouve amené sans secousse, il est à sa place, il est installé, assis, chez lui... il a compris tout de suite... il prend dans chaque pays un air indigène et un accent natal, il a un génie d'adaptation et d'intelligence extraordinaire sans que cette force assimilative entame la personnalité de son tempérament, la justesse originale de ses vues.

Enfin, cet Espagnol de race et qui tient à l'être, n'a rien d'un triste ni d'un sombre... Il sourit... comme le Sphinx qu'il a *vu et voulu* voir sourire, en dépit de sa maussaderie de pierre et de sa moue d'éternité qui n'est qu'un masque. N'attendez pas de lui des désespoirs, des affres, des angoisses, des pâleurs de victime. Même en sortant de l'Escurial, même après qu'il a salué le Greco et Zurbaran, il continue de sourire avec la même optimiste et imperturbable douceur, qui reste pourtant une douceur chaude, communicative et brune, à sang pourpre et impétueux. Mais c'est la douceur paisible, haute, mélancolique et fière, et apitoyée sans fadeur, du héros de Cervantés, et enfin, par dessus celle-là, et la dominant encore après s'en être inspiré, c'est la douceur résolue, tenace et cordialement engageante que rien de la vie ne rebute et n'abat, même ses dangers, et qui les aborde tous, les lèvres et le regard armés du sourire qui vaut mieux qu'à la main la meilleure et la plus inutile des épées.

Le sourire moral de Carrillo éclaire, lui aussi, tous les pays de lumière et de soleil qu'il a parcourus, à son temps, à son aise, n'étant gêné, ni pressé, ni détourné par rien... comme si aucune obligation, aucun intérêt ne le limitait, ne le tirait et l'appelait ailleurs. Comment alors ne pas lui envier sa grâce nomade et jamais tourmentée ? Il observe, il s'attarde... Il reste, il étudie, il apprend... il nous instruit, il médite... Il donne par instants l'idée qu'il ne quittera plus le lieu où il croyait passer un jour et d'où il ne peut s'arracher depuis un mois. On le sent prêt à mourir avec amabilité, n'importe où. Et son esprit poli demeure inaccessible au dénigrement, à la méchanceté chagrine ; il est, d'instinct, réfractaire à toute hostilité, il veut excuser, comprendre, aimer à tout prix, saisir le sens nécessaire et voilé des choses, la relation inexpliquée des cœurs, l'énigme, l'énigme *souriante* aussi, et simple au fond, des races, des mœurs, des religions, des âmes... Cette étude approfondie et de bienveillance anxieuse n'altère pas son auteur, elle lui procure un plaisir constant et toujours réfléchi parmi des oasis de satisfactions intellectuelles et morales, si larges qu'il les répand et nous les fait généreusement partager.

Le *Sourire du Sphinx* est un livre charmant et beau dont je n'ai pas parlé à dessein, pour laisser le lecteur, avec son désir et son allégresse, y pénétrer tout seul, sans mon secours ni celui de personne. Carrillo n'a pas besoin de *guide*.

Et ayant tourné la page des derniers chapitres, de lucidité si émouvante, consacrés à la vie et à l'âme égyptiennes, je me remémorais les précédentes œuvres du même écrivain : *La Grèce Éternelle, Pèlerinage passionné, Fleurs de Pénitence*. Le choix et la suprématie de ces mots qu'on eût dit tracés sur des bannières, de ces mots devises, de ces mots de beauté, de contemplation, de sacrifice, purs et religieux, me frappaient, me faisaient penser.

Je me rendais compte, en les approfondissant, qu'ils n'avaient pas été, par caprice ou hasard, conçus et mis en tête des ouvrages qu'ils avaient pour mission de baptiser..., que le titre d'un volume était aussi et restait malgré tout le vrai titre de celui qui l'avait écrit... et que la « couverture » du livre devenait en même temps celle de l'homme, de son auteur.

Ainsi Carrillo me semblait-il excellemment *situé* sous les trois vocables de la Grèce, de l'Égypte et de la Terre sainte.

HENRI LAVEDAN,
de l'Académie française.

LE SOURIRE DU SPHINX

I

LE CHARME DE MASR-EL-KHAIRA

La façade européenne. — Le mirador du Mokattam. — Le soir. — L'âme de la cité. — La vie de la rue. — Visions des mille et une nuits. — Les cris populaires. — Les bazars et leur animation. — Les vieux quartiers. — Palais arabes. — Types et costumes. — Vision de grâce.

Presque toujours, dans les grandes cités orientales, la première impression est décevante... Vous arrivez l'âme pleine de rêves merveilleux, la mémoire peuplée de souvenirs enchanteurs... Vous vous attendez à être reçu par un vizir des mille et une nuits qui va vous ouvrir les portes d'un alcazar... Vous êtes altéré de parfums mystérieux, de regards étranges, d'images rares... Et, comme partout les hôtels pour les voyageurs occidentaux se trouvent dans ce que l'on appelle le quartier européen, la déception est cruelle.

Cependant, les guides nous ont prévenu... Nous savons, avant d'aller à Constantinople que Péra est une ville « à l'instar » de Paris, qu'à Damas les rues principales sont pleines de boutiques allemandes, qu'Alger est une préfecture française. Mais la puissance de l'illusion est tellement invincible que, dans chacun de ces lieux, nous pleurons devant ce que nous apercevons au premier abord, comme si l'on nous avait promis quelque chose de différent.

C'est ainsi que je suis maintenant à ma fenêtre de l'hôtel Continental, triste comme un homme trompé. Ce qui apparaît à mes yeux, toutefois, est bien ce que MM. Joanne et Bædecker ont eu la gentillesse de m'annoncer. Voilà en effet la vaste avenue avec ses palais, avec ses magasins, avec ses cafés. Ici va le tramway électrique plein de gens comme à Rome ou à Vienne. Là, passent les policemen avec leur tenue londonienne... Dieu! Quel dommage! Et non que cela soit laid ou triste, non. Il n'y a rien d'aussi gai que ce Charia-Boulak cosmopolite. Mais, malgré moi, je sens que

mon âme, incurablement fantasque, attendait
autre chose. Hier au soir, en entendant de ma
chambre le murmure qui montait du fond des
noires ramures d'en face, j'ai eu des visions de
jardins arabes avec des terrasses de myrte, des
bosquets de jasmin et de capricieux labyrinthes.
La brise venait à moi chargée d'aromes de fleurs
tropicales, d'échos de jets d'eau rieurs. Aujourd'hui, dans la clarté de ce matin de printemps,
ce qui se découvre à ma vue est un immense
parc anglais, entouré de hautes grilles de fer et
planté de superbes marronniers vulgaires. —
« C'est un des plus beaux jardins du monde »,
disent les cicerones. — C'est possible !

Mais pourquoi trompe-t-il la nuit avec des
murmures qui lui sont si étrangers? Pourquoi
chante-t-il une romance mauresque, quand son
âme est britannique?...

Et plus loin apparaît énorme et bruyante, continuant le parc, la place de l'Opéra et du Tribunal Mixte, et du Crédit Lyonnais, et de la
Caisse de la Dette... Quels noms pour une cité
de mameluks et de khalifes!

Les inscriptions dorées des boutiques étincellent, annonçant des agences américaines,
des brasseries germaniques, des salons de coif-

fure parisiens. Toutes sont en clairs caractères latins.

Rien ne nous dit que nous sommes loin d'Europe. Nul ne semble tenter de nous donner l'illusion de l'étrange, du brillant, du lointain, de l'exotique.

Les trottoirs sont pleins de gens vêtus à la mode de Londres ou à la mode de Paris, de gens sombres, de gens au chapeau rond, de gens qui n'ont même pas les langueurs des foules napolitaines, mais qui vont en se hâtant, Dieu sait à quel rendez-vous d'affaire. De temps en temps seulement quelques taches rouges ou vertes éclatent comme des fleurs monstrueuses pour nous distraire de la monotonie sans couleur de l'ambiance de cette cité. Mais la diversion ne dure qu'un instant. Ces taches sont les parasols que les dames étrangères très soigneuses de leur peau blanche ouvrent sur le seuil des hôtels. Il jouit d'une telle réputation d'incendiaire ce soleil d'Afrique ! Et, cependant, ma tête nue le supporte sans sentir les ardeurs des plages estivales d'Europe. « L'invasion occidentale, dit-on, a changé jusqu'au climat. » — Et ceci qui paraît un paradoxe est une vérité scientifique. Les formidables barrages qui augmentent chaque année les fécondes inondations du Nil, font maintenant connaître à cette cité les horreurs des pluies, jadis ignorées, cependant que la noire fumée des hautes cheminées d'usine salit son ciel jusqu'à hier immaculé. Seulement, en toute franchise, il faut être très susceptible pour se plaindre déjà de ces choses. Tel qu'il est, le printemps d'Égypte a toujours un charme de lumière, de couleur et de douceur qu'aucun pays ne peut lui disputer. Nous verrions baigné par cette clarté le spectacle que nous rêvons que notre joie serait incomparable.

Mais nous ne voyons rien. Dans d'autres cités également déshonorées par la civilisation européenne, on découvre au moins en arrivant ce qui reste d'oriental dans l'enceinte violée. A Constantinople, des hauteurs odieuses de Péra on distingue au loin la merveille de Stamboul. A Damas les ramures immenses des palmiers apparaissent dès que l'on se met au balcon de l'hôtel allemand où l'on loge. Dans Alger même, si français et si moderne, la masse tragique de la Casbah domine la ville. Ici, dans cette étendue de sable, dans cette esplanade dérobée par les hommes au désert, le quartier européen ne possède aucune perspective pour lui rappeler qu'il est un intrus. En levant les yeux, on découvre des tours commerciales avec des allégories en marbre glorifiant le travail et la richesse. Mais, aiguilles de mosquée, mais, murs d'Alcazars, mais, créneaux de château, cela non. Pour voir la cité arabe dans toute sa merveilleuse splendeur il faut aller très loin.

— Montez à la citadelle, disent les conseillers des hôtels.

*
* *

La haute roche du Mokattam, en effet, est l'unique mirador de cette sultane. A peine le pèlerin s'approche-t-il du parapet construit par Mehemet-Ali que les images de rêve surgissent au milieu des clartés, couleur de rose et couleur de fleur de mauve. Les trois mille mosquées légendaires sont là, à nos pieds, parmi le labyrinthe des terrasses. A dire vrai, nul ne dirait qu'elles fussent autant. Le formidable amoncellement des coupoles et des minarets qui surprend dans Stamboul comme une ostentation suprême de la toute-puissance d'Allah, n'existe pas ici. La cité s'étend dans l'interminable plaine sablonneuse, avec ses petites maisons carrées, toutes égales, toutes modestes en appa-

rence, toutes dorées par l'air sec du désert.
Seules, de loin en loin, éparses dans l'immense
espace, les hautes aiguilles mystiques se dressent dominant l'ensemble. Et c'est là une tour
ronde et rougeâtre qui semblerait une vulgaire
cheminée d'usine, si elle ne se terminait en
pointe ; et c'est, plus loin, une tour carrée
menaçante, une Giralda guerrière ; et ensuite
une tour très svelte, très fine, quelque chose
comme un mât de navire ; et c'est après une
tour en spirale qui monte en se tordant capricieusement et c'est enfin une tour avec des
loggias et des colonnades... A première vue on
n'en découvre plus, mais à mesure que les
yeux s'accoutument à sonder l'atmosphère,
beaucoup, beaucoup d'autres tours, qui au début
étaient comme diluées dans l'air, précisent peu
à peu leurs lignes hautaines. De tous les coins
s'élève ce que le poète arabe appelle le doigt de
Dieu. Avec une surprise exquise, nous découvrons, l'une après l'une, les chaires des muezzins. Sont-elles autant que l'assurent les historiographes de la cité ? Sont-elles réellement des
milliers et des milliers...? Ce que je sais, c'est
qu'elles sont innombrables. Seulement, ainsi
disséminées sur une immense surface plane et

submergées dans l'atmosphère dorée, elles n'apparaissent pas en une gerbe merveilleuse comme leurs rivales de Constantinople. Pour pouvoir les admirer il faut les découvrir sans hâte. Tout ce qui est caractéristique, tout ce qui est ancien, tout ce qui est étrange, il faut le découvrir, au Caire. En d'autres endroits, il suffit de sortir des quartiers occidentaux pour entrer immédiatement dans la vie orientale.

Ici, ce qui à première vue se perçoit, ne vaut presque pas la peine d'être regardé. J'avoue humblement que pendant mes premières pérégrinations à travers les rues les plus prestigieuses, je pouvais à peine contenir ma nostalgie d'autres terres de sultanes.

Les charmes cairotes me paraissaient trop estompés et dans ma déception j'arrivais à comparer cette belle Masr-el-Khaira à une femme voilée, non à la manière arabe, car les voiles d'Orient laissent toujours filtrer le sortilège des regards, mais à la vieille mode d'Espagne, si hostile. « Voici, me disais-je, une superbe captive qui ayant fait le sacrifice de son corps veut au moins garder à l'abri des étrangers son âme pleine de haine. »

Et ce qui, en réalité, n'est que voluptueuse

réserve, se présentait à moi comme une rancœur étudiée. Mais un soir, en revenant d'une promenade solitaire dans les environs, je surpris, enfin, dans l'abandon de son existence intime, la délicieuse coquette.

.·.

Ah! les soirs du Caire, après les excursions obligatoires et les éternelles visites aux Musées! Nous allons distraits, fatigués, la tête pleine d'images mortes, cherchant seulement la brise qui rafraîchit, la solitude qui calme, le silence qui repose....

Au couchant, la lumière commence à pâlir. Une suave clarté voilée enveloppe la cité en de blêmes mousselines de mystère. Les femmes passent lentes et dans leurs chevilles les anneaux d'argent brillent à peine. Des hauts minarets s'égrènent en trilles mélancoliques les dernières oraisons des hérauts d'Allah. L'air tiède a pour nos tempes des caresses légères et l'espace autour de nous s'emplit de vagues rumeurs, d'énigmatiques palpitations, d'harmonies presque imperceptibles. Sans nous rendre bien exactement compte de ce que nous faisons,

nous allons nous enfonçant peu à peu dans le
cœur de la ville. Et tout à coup, comme par un
sort magique, ce qui n'était, quelques heures
avant, en plein jour, que des rues sales, se convertit en corridors d'alcazars, en couloirs de
palais enchanté. Qui nous a transporté jusqu'ici,
ou pour mieux dire, qui a opéré ce changement
de décor?... A la lueur du crépuscule, les moucharabiés des fenêtres basses apparaissent comme
d'obscures dentelles, les colonnades des porches
s'allongent sveltes sous les énormes saillants des
miradors, les tentures des boutiques se teignent
de nuances jamais vues. Le soleil d'Orient est un
détestable éclaireur de détails. En sa violence
incendiaire il enveloppe tout dans une flamme
blanche, il fond tout dans un creuset mono-
chrome. Ici, mieux que partout ailleurs, on comprend les imprécations que Tristan Corbière
adresse au roi des astres, et l'on partage l'amour
maladif de Baudelaire pour les spectacles crépus-
culaires. Dans la demi-lueur diaphane, ce qu'il
y a de faux dans les architectures orientales disparaît. « Cette ville orgueilleuse — dit Pelletan en
contemplant le Caire, un jour d'été, des hauteurs
de la citadelle — n'est qu'un magnifique campement asiatique improvisé entre les sables du

désert et les marais du Nil. » Dans les voiles roses du soir, le campement se change en métropole de rêve. Chacune de ses maisonnettes, construites en quelques jours avec des planches et des briques crues, devient un palais de caprice. Dans la monotonie des lignes droites, une immense variété de détails anime l'ensemble. Quelques constructions paraissent des défis lancés à toutes les lois de l'architecture. Sur des murs légers s'avancent vers la rue des masses énormes de maçonnerie qui semblent sur le point de s'effondrer et qui sont là, cependant, depuis des siècles. Dans certaines terrasses, les plus étranges tours crénelées élèvent leurs quatre murs. A côté de très grandes fenêtres, on voit de toutes petites portes par lesquelles un homme peut à peine entrer. Et tout cela, qui, à la lumière de midi, choque par son aspect sordide, le soir est délicieux. Dans le crépuscule, l'âme de la ville arabe s'ouvre comme une sensitive. « Puisque les intrus de Ezbékiyé ne viendront pas nous importuner jusqu'à demain, — entendons-nous murmurer au khalife des ombres, — vivons. » Et sous les portes des petites boutiques ou aux terrasses des cafés, sur les bancs des coins, aux bords des fontaines, les

Cairotes, accroupis, bavardent, fument, méditent. Toute la vie de la cité sort dans la rue avec ses oripeaux voyants. Drapés dans leurs amples manteaux les vieux cheiks religieux aux turbans verts s'immobilisent en d'humbles attitudes. Ceux-ci ne fument ni ne parlent, ni ne voient ce qui palpite autour d'eux. Les yeux mi-clos, ils rêvent leurs rêves éternels, jouissant de leur quiétude, de leur inaction, de leur amour d'Allah tout miséricordieux. Près d'eux les mendiants s'accroupissent contre les murs et psalmodient sans tristesse la mélopée quémandeuse dans laquelle le nom du Prophète s'unit à tous les maux imaginaires. Au centre des groupes qui remplissent les terrasses des cafés, le conteur de contes récite son éternelle histoire de vizirs enamourés de filles de jardiniers, de misérables qui découvrent des trésors dans les cavernes, de voyageurs qui se perdent dans le désert et arrivent aux terres fabuleuses des mages de Chaldée. Aux abords des boutiques, les trafiquants combinent des opérations fantastiques, calculant ce qui doit arriver par les prochaines caravanes de Bagdad ou de Bassorah.

Les grandes spirales de fumée qui montent des narghilés, nimbent les têtes brunes. D'étranges

musiques de darboukas lointaines et d'invisibles
guzlas flattent l'ouïe. Au travers des jalousies
commencent à briller les lumières des harems.
Les brises du Nil font palpiter lentement, très
lentement, les étendards prophétiques des chapelles miraculeuses. Le murmure des eaux qui
tombent dans les saintes « sebils » des ablutions,
chantonne à voix basse sa chanson en l'honneur
d'Allah dont la miséricorde calme la soif du
corps et procure la paix de l'âme. Une sensation
délicieuse de béatitude, de joie amilière, de
tranquillité d'esprit, remplit l'air. Les cris des
vendeurs ambulants et les bousculades des conducteurs de bêtes se sont apaisés. Les femmes
mêmes qui reviennent à leurs demeures enveloppées dans leurs obscurs linceuls hermétiques,
paraissent moins craintives de laisser surprendre
par l'homme qui les rencontre l'énigme de leurs
pupilles. Et en voyant de toute part la même
animation paresseuse, la même ardeur grave,
le même calme riant, on se rend compte enfin
que le vieux Caire, de Abd-el-Melek et de Nour-
ed-Din, n'est pas encore prêt de périr entraîné
par l'avalanche étrangère, et que l'orgueilleux
Ezbekiyé, avec ses maisons de pierre, ses magasins énormes, n'est en réalité qu'une façade euro-

péenne mise sans art devant le sanctuaire impassible de la race.

.·.

Il suffit de consulter une statistique quelconque, en effet, pour noter le peu d'importance qu'a dans cette ville l'élément occidental. De ses sept cent mille habitants, il n'y a d'étrangers que cinquante mille, dont le plus grand nombre sont Grecs. Les six cent cinquante mille autres sont des orientaux. Comment donc ceux qui viennent en quête de couleur locale peuvent-ils se laissent tromper par un noyau relativement aussi faible d'occidentaux, au point de proclamer la mort du vieux Masr-el-Khaira? « Mon Dieu, — dit Pierre Loti, — quand donc se reprendront-ils, les Egyptiens, quand comprendront-ils que les ancêtres leur avaient laissé un patrimoine inaliénable d'art, d'architecture, de fine élégance et que par leur abandon l'une de ces villes qui furent les plus exquises sur terre s'écroule et se meurt. » Et il ajoute, contemplant le quartier européen : « Alors, ce serait le Caire de l'avenir, cette foire cosmopolite? » Non, mon très cher maître, non, cette foire cosmopolite de tavernes italiennes, de bars anglais et de concerts français est une cité hors de la cité. Ce qui arrive, c'est qu'elle fait tant de bruit et s'agite tant, qu'à première vue elle paraît remplir tout l'espace compris entre le Nil et le Désert. Mais quand on commence à pénétrer dans le vieux cœur des vieilles rues, on comprend que le triomphe de l'Européen n'est qu'un mirage.

.•.

A la longue, rien dans cet apparent désordre et dans cette apparente décadence dont Loti se plaint avec amertume en parlant de la cité arabe ne choque par ce qu'il a de caduc. Chaque place a son charme, chaque rue garde ses trésors, chaque coin possède son charme. Pour sentir pleinement cette beauté, il suffit de ne point se hâter. Les caravanes de touristes qui courent guidés par un cicerone et qui veulent tout connaître en une semaine, n'inspirent que des sourires ironiques aux arabes qui les voient passer. En revanche, ceux qui viennent, jour après jour, s'extasier devant les mêmes vieilles mosquées et s'enivrer des parfums éternels, sont récompensés de leur amour patient par une sympathie peut-être un peu dédaigneuse, mais très courtoise. « Toi, au moins, tu n'es pas agité de fièvres vaines, tu es comme nous, tu vas lentement », paraissent-ils nous dire. Et c'est lentement, très lentement, que cette vie doit être vécue. Mais il faut avant tout renoncer au guide qui ne connaît qu'un seul trajet et nous conduit, à la même heure, marchant du même pas, vers les mêmes lieux. Il faut se perdre volontairement dans le labyrinthe des ruelles étroites. Il faut adopter le caractère du lieu avec toute sa langueur voluptueuse et résignée. Que nous importe, en effet, d'ignorer le nom des édifices que nous rencontrons et des places que nous traversons? Serions-nous venus pour faire des études topographiques et des inventaires archéologiques?

Deux heures d'indolente contemplation à la terrasse d'un café sont plus profitables pour le voyageur curieux que de nombreuses journées de fébriles excursions, parce que ce n'est point la même chose de passer devant l'existence que de laisser passer l'existence devant nos yeux. Je m'assois, tous les soirs, sur le divan déteint d'un humble *cafedgi* des environs de Gamia-el-Azhar, et je demande, comme les autres clients, un somptueux narghileh à bout d'ambre. Puis, j'essaie de m'immobiliser dans une attitude de dignité distraite. Personne ne semble me voir, malgré mon vêtement occidental. Je parais ne voir personne. Et peu à peu, sans effort, sans désir, mon âme s'imprègne des effluves de cette étrange ambiance qui m'entoure. Je ne suis plus celui qui feuillette en pleine réalité les livres des *contes merveilleux*. Je suis un personnage vivant, un humble personnage de chair et d'os orientaux, un parmi tant d'autres, un atome palpitant du drame.

Dans chaque détail, je découvre quelque chose qui ne m'est pas inconnu, sur chaque être, je mets un nom légendaire, dans chaque bruit, je trouve un écho perdu de mes nostalgies. Ah! la gaîté, l'animation, la douceur, le rythme des spectacles cairotes! Je ne sais comment mon ami Louis Bertrand a pu parler, dans cette même Masr-el-Khaira de « la débâcle de la couleur locale ». Et ce peintre Dinet qui dit : « L'Egypte est un pays noir », est-il par infortune devenu aveugle? Mais celui qui m'irrite le plus, étant le plus cher de mes maîtres, c'est Pierre Loti, qui prétend ne trouver ici aucun des tableaux qu'il avait rêvés. A l'instant même, au coin de rue qui est en face de moi, je reconnais la boutique de Bredredine, dans laquelle l'émir fit admirer à ses deux dames mystérieuses les belles étoffes de Bassorah... Plus loin, je vois Hadji vêtu en mendiant qui attend depuis vingt ans le marchand qui a séduit son épouse, et qui prie sans trêve pour qu'Allah lui permette, enfin, de venger son honneur souillé... Près de la fontaine s'arrêtent deux ambassadeurs d'Haroun-al-Rachid, avec leurs tuniques magnifiques et leurs armes damasquinées... De la mosquée voisine, une humble mosquée sans minaret et sans muezzin, une simple chapelle de quartier que les muphtis de Mavaiyad et de Seyidna-Hosseïn dédaignent, sortent les marchands à qui Nour-ed-Dine a commandé le grand coffre dans lequel il a projeté de se mettre pour pénétrer dans le harem du vizir Houssan... Que de majesté et que de lenteur dans tous ces héros de rêve! Chaque geste paraît réglé de manière à ne pouvoir rompre l'harmonie des nobles attitudes. Les femmes mêmes, qui ont l'obligation de passer vite pour ne pas éveiller la jalousie de leurs maîtres, les femmes voilées et muettes, les délicieux fantômes qui sortent nul ne sait d'où et disparaissent, tout à coup, sans que l'on parvienne à savoir comment, les énigmatiques femmes du

Caire qui laissent seulement voir, entre la coiffe noire et le voile noir, leurs yeux plus noirs encore, se promènent sans hâte et sans peur, balançant le charme de leurs voluptés hermétiques, de leurs désirs impossibles, de leurs incurables mélancolies... Et tout ce drame quotidien se déroule au milieu des clameurs de la plèbe commerçante qui, sous prétexte de vendre des choses aux noms étranges, anime de fantastiques mélodies le grand rêve de la cité.

*
* *

Les vieux poètes arabes prétendent qu'un véritable cairote n'a pas besoin d'ouvrir les yeux pour reconnaître sa cité. Il lui suffit, disent-ils, d'entendre les bruits de la rue. Et, en effet, s'il est une ville dont la voix a un caractère spécial, c'est bien celle-là. Pour chaque heure du jour, existent dans les vieux quartiers, autour des grandes mosquées et des grands marchés, des harmonies spéciales. Chaque fonction de la vie s'annonce par une mélopée. Depuis le muezzin qui appelle à la prière, jusqu'au chamelier qui guide sa caravane, tous ceux qui ont une chose à dire, une chose à demander, une chose à offrir le font en chantant : « Zahr, zahr, zahr », clament les derviches qui portent leur amphore d'eau bénite dans le dos ; « Erk-sous sébib, erk-sous, erk-sous sébib », psalmodient les vendeurs de rafraîchissements, agitant leurs tasses de cuivre ; « Chaouender, lift Khiyar », crient les maraîchers en montrant leurs charges de carottes, de betteraves et de concombres ; « Riglak, riglak, chémalak, ya khanagé », répètent, sans repos, les âniers ; « Talib min Allah hakk loukmet ah », implorent les mendiants couverts de haillons... Et toutes ces voix et beaucoup d'autres analogues, avec leurs rythmes particuliers, se confondent, formant l'éternelle musique de la rue. La cité entière vibre et chante. Des coins les plus humbles monte une voix louangeuse ou quémandeuse. Les besoins coutumiers conservent à travers les siècles leur antique refrain. Dans les soukhs, surtout, sous les interminables arcades du grand labyrinthe commercial, la joyeuse symphonie de la foule atteint de fantastiques orchestrations. Comme des cages de verre, les galeries gazouillent sans cesse parmi le marchandage de ceux qui achètent, les réflexions de ceux qui regardent et les raisonnements de ceux qui vendent. Chaque petite boutique est un palais de modulations et de tentations.

* * *

Les guides assurent que les bazars du Caire sont moins somptueux que ceux de Damas et de Stamboul. Est-ce exact ? Peut-être. Mais ce que je sais bien, c'est que, même plus modestes que d'autres, ils ont un charme incomparable. Il se peut, en effet, que les soukhs de soieries de Damas et les soukhs de bijoux de Stamboul renferment de plus grandes richesses et une plus grande splendeur, mais plus de poésie, plus de grâce, mais plus d'intimité, cela non. Nulle part autant qu'ici la vie orientale palpite avec son élégance et son raffinement, avec sa cordialité fraternelle, avec son sourire mystérieux, avec ses énigmatiques langueurs. « Ces négociants, qui au fond sont très rapaces, — dit Pelletan, — ont, dans la réalité, des airs de poètes perdus en célestes rêveries. » Et vraiment, c'est une chose qui étonne ceux qui, comme nous, sont blasés de l'agaçante obséquiosité des boutiquiers de Smyrne, de Tunis et d'ailleurs, de voir l'indifférence tranquille de ces marchands du Caire. Si nous ne leur adressons pas la parole pour leur demander de nous montrer quelque chose, ils nous laissent presque toujours passer sans paraître nous voir. Et comme leurs étalages sont minuscules, ils ne peuvent — le voudraient-ils — nous tenter avec des amoncellements de soies, de tulles, de broderies et de franges pareils à ceux qui transforment parfois les boutiques de Damas en palais enchantés. De plus, on remarque que ce qui se vend ici n'est pas destiné aux étrangers. Que pourrions-nous faire de ces jarres de cuivre, de ces voiles noirs, de ces babouches rouges, de tous ces humbles objets? Pour trouver les châles de mousseline claire étoilés d'argent que les Européens considèrent comme ce qu'il y a de plus commun en Egypte, il faut aller aux magasins à demi occidentaux de Charia-Boulak.

Les soukhs, avec leurs antres mystérieux pleins de flacons, de boîtes blanches et de paquets difformes restent réservés aux indigènes. Les seuls qui ont adopté la manière d'autres lieux et invitent, non sans une certaine insolence, les étrangers à entrer dans leurs « salons », sont les marchands de tapis. « Entrevoir une chose très bon marché », — disent-ils. Et on entre. Et la chose très bon marché se trouve être épouvantablement chère... Mais il ne faut pas s'effrayer. Pour ce dont ils demandent cent écus, on peut offrir cent francs. « Saints ciels!... — s'exclame le marchand de tapis. — Cent francs! Ça me coûte plus de trois cents... Allons, parce que c'est toi, je te le donnerai à quatre cents. » — « Cent », répète-t-on. — « Non... trois cents... rien de moins... Il me coûte davantage. » — « Cent, pas un sol de plus!... » Et au bout d'une demi-heure de ce marchandage qui serait irritant et humiliant en Europe, l'arabe accepte les cent francs. Il aurait probablement accepté aussi bien la moitié. Les articles de bazar oriental n'ont pas de prix. L'alchimiste du soukh des fards qui donne un pot énorme de khôl, pour une piastre, demande le lendemain dix francs pour un pot dix fois plus petit. Dans tout ce qui est vente et achat, il y a toujours, au Caire comme à Damas et à Damas comme à Smyrne et à Smyrne comme à Constantinople, un peu de lutte et aussi un peu de diplomatie, avec encore plus de fantaisie. On achète pour vaincre, on vend pour tromper, on marchande pour lutter. A prix fixe, la majeure partie des curiosités dont on sort chargé d'une boutique quelconque, n'auraient plus aucun charme.

⁂

« Cette immobilité, cette lente persistance dans l'esprit des musulmans des idées de leurs ancêtres — dit Saladin — se retrouve dans ce qu'ils produisent et dans la manière de produire. Non seulement les industries locales sont les mêmes que jadis, mais elles sont exploitées comme dans le temps des khalifes fatimites. » Les artisans, en effet, travaillent sous les yeux du public dans leurs minuscules petites boutiques avec des outils dont nous avons oublié les noms dans le reste du monde. Ils travaillent lentement, entrecroisant dans leurs arabesques de soie ou de cuivre les longues rêveries de leurs âmes quiètes. Dans chaque frange, dans chaque carreau de faïence, dans chaque filigrane, ils mettent un peu de leur vie intérieure. Dans leur soumission à la routine séculaire, il y a un sentiment religieux de respect ancestral. Et faisant ce que firent leurs aïeux, ils se rendent obscurément compte qu'ils continuent l'œuvre de la race et qu'ils défendent la tradition du peuple. Les forgerons emploient des marteaux pareils à ceux qui servirent à forger les chaînes des compagnons de saint Louis; les orfèvres cisellent le cuivre avec des outils qui ont servi à dix générations; les tourneurs saisissent toujours le ciseau avec les doigts des pieds; les pâtissiers continuent à orner leurs gâteaux avec les feuilles de roses des mille et une nuits; les écrivains publics, enfin, se composent le même visage qui inspirait tant de respect aux favorites des vizirs d'autrefois.

Et si, dans l'intérieur des ateliers et des boutiques, rien n'a changé, dans les galeries réservées à la circulation, l'existence est aujourd'hui comme hier, comme toujours. Par des passages où tiennent à peine deux personnes de front, passent les caravanes de chameaux et les défilés d'ânes, sans que personne proteste contre le danger d'être écrasé. « Rouah!... rouah!... balek... y emenek!... » crient les conducteurs. Chacun alors se profile ou s'accroupit pour laisser l'espace libre. Une fois les bêtes passées, la noble promenade sans hâte recommence. Tout spectacle attire les oisifs. Il y a ici un marchand d'eau qui conte une histoire scabreuse. La foule l'entoure, et écoute, et rit. Plus loin, un derviche fou fait des gestes énigmatiques. Les curieux l'observent respectueusement en silence. Dans un angle, un charmeur de serpents ouvre sa boîte sinistre et tire ses horribles reptiles pour les mettre sur le sol. Tous font cercle autour de lui et frémissent en voyant s'agiter les têtes camuses au son de la flûte magique et les corps annelés s'enrouler et s'étirer au contact de la main qui les caresse. Rien n'a changé depuis le commencement de l'hégire. Ce qui divertissait les premiers disciples du Prophète dans les carrefours de Médine, distrait les fidèles d'aujourd'hui dans les soukhs de Damas, de Tunis, de Stamboul, du Caire, de toutes les cités orientales. Hors des bazars, les Arabes peuvent peu à peu se rendre compte qu'il y a dans le monde une civilisation différente de la leur, un commerce plus actif, une vie plus fébrile. Certaines riches familles de Syrie et d'Egypte ont adopté, pour décorer leurs salons revêtus de carreaux de faïence, les meubles d'Europe. Mais ici, sous les voûtes fraîches, l'existence est la continuation d'un rêve immémorial. Nous-mêmes, les roumis, en pénétrant dans une petite boutique pour marchander un châle, un foulard, une mosaïque, une paire de babouches, un tapis, nous arrivons à nous sentir pénétrés des étranges effluves qui nous entourent. Acheter, voilà le plus grand plaisir du bazar. Parce que acheter, est un prétexte pour cesser d'être spectateur. Les moments où nous achetons, sont les seuls où nous prenons part à l'existence active du peuple. Hors des soukhs, nous ne sommes que des êtres contemplatifs, curieux, chercheurs d'inviolables secrets, forgeurs de romans exotiques. « Où allons-nous maintenant? » nous demandons-nous en sortant des soukhs. Et comme la veille, comme toujours, nous recommençons, sans plus participer à la vie du peuple, nos pérégrinations à travers les rues.

* * *

Au Caire, comme partout, les quartiers les plus pittoresques et les plus poétiques sont les plus anciens, les plus peuplés de ruines. Il va sans dire que les cicerones l'ignorent. « Par ici — murmurent-ils en pénétrant dans certains endroits où les moucharabiés se pourrissent — il n'y a rien à voir. » C'est là cependant que se trouvent les sanctuaires des plus mélancoliques évocations. C'est là où se découvrent certains palais, qui appartinrent jadis aux pachas superbes, aux marchands opulents, et qui n'abritent plus, dans leurs déchéances actuelles, que des familles de mendiants. Dans l'intérieur tout s'effrite. Le patio, avec ses jets d'eau muets et et ses jardins abandonnés, semble un cimetière de village. Les grillages des fenêtres ont disparu. Par les trous des toits, on voit le ciel. Des marbres du dallage, il ne reste plus que des débris brisés. Mais l'aspect extérieur est si majestueux, que nous nous figurerons tous, en le contemplant, que là doit vivre, entouré de belles esclaves circassiennes, quelque descendant des vizirs d'antan. Et si les riches demeures décrépites sont ainsi délaissées au point de servir d'abris à la misère errante, imaginez ce que deviennent les maisons modestes qui commencent à donner des signes de décrépitude. A chaque instant, dans les ruelles des environs de Bab-el-Fouthou, on découvre des ruines, dont les maîtres s'en sont allés, Dieu sait où, et qui ne servent qu'à permettre aux Bédouins de passage de se blottir pendant la nuit à l'abri relatif de ses murs. Tout cela, sert aux voyageurs européens, de prétexte pour démontrer la décadence actuelle du Caire, ce qui, en réalité, ne prouve rien. Même à leurs meilleures époques, les villes arabes ont offert le pittoresque contraste de grande sordidité à côté de la grande splendeur. Si une maison s'effondre ou brûle, le propriétaire, bien souvent, loin de la réparer, abandonne ses décombres pour aller enfermer son harem dans une autre maison, à l'ombre d'autres toits. Les mosquées elles-mêmes, lorsqu'elles ne sont pas très miraculeuses ou très vénérables, ont un sort presque semblable. Les fidèles qui les voient se lézarder, préfèrent en construire une autre, plus ou moins près, à secourir celle qui menace de s'écrouler. Lorsque l'étendard du Prophète disparaît de l'enceinte sacrée, les portes restent ouvertes pour tous ceux qui veulent y chercher asile. La fontaine des ablutions se change alors en abreuvoir d'ânes et de chameaux. Dans la cour rituelle, les cavaliers nomades plantent leurs tentes noires, et au lieu de prières du muezzin, on entend, la nuit, dans le voisinage, les mélopées nostalgiques de ceux qui ne cessent jamais de soupirer après le désert. Un des plus beaux temples de l'Égypte musulmane, la Gamia Ibn-Kalaun, dont le dôme s'est effondré il y a longtemps, a servi de prison, de dépôt d'armes et de carrière de marbres précieux, mais n'a jamais été réparé. Les maîtres de la citadelle aimèrent mieux démolir le palais de El Nasir, pour édifier à sa place la nouvelle et désagréable mosquée, appelée de Mahomed Ali, dont la construction a coûté de nombreux millions, à dépenser quelques milliers, pour reconstruire l'admirable voûte tombée.

Cela, après tout, n'indique ni mauvais goût ni indifférence. Chaque peuple a sa manière d'être. Chaque cité organise sa vie le mieux qu'il lui paraît. Et le dédain résigné avec lequel les Arabes regardent leurs ruines, n'est peut-être pas la plus mauvaise façon de donner aux rues des villes, un aspect de poétique antiquité. La négligence dont certains voyageurs parlent ne me paraît pas, au surplus, facile à contrôler. Qui distingue une demeure vide d'une demeure habitée, dans les villes musulmanes? Bien souvent, dans les ruelles les plus sordides, entre deux humbles boutiques, un palais seigneurial nous surprend avec ses hautes portes sculptées, ses balcons de bois ajouré, ses corniches de marbre rose. Si nous nous arrêtons pour l'admirer, nous remarquons que toutes ses fenêtres sont murées. Si nous nous approchons

de la porte, aucun bruit de vie n'arrive à nos
oreilles. Muette comme une tombe, la noble
demeure ne nous paraît abriter que des fantômes. La couleur même des murs extérieurs,
avec leurs taches livides, indique un abandon
séculaire. Mais si quelqu'un nous permettait
de soulever le marteau de bronze qui pend à
son anneau incrusté d'argent, notre appel trou-
verait tout de suite un écho sonore dans la
mystérieuse enceinte. Un nègre viendrait au
guichet. Et devant nos yeux charmés apparaî-
trait le jardin traditionnel, avec sa gaîté de fontaines roucoulantes, de citronniers fleuris, de
divans polychromes. Il y a ainsi au Caire, dans
le quartier de Tabbanah, parmi des milliers de
masures en ruines, quelques palais, abandonnés
en apparence, mais qui conservent encore, dans
leur enceinte, la splendeur d'autrefois. Trois ou
quatre de ces alcazars ouvrent leurs portes aux
étrangers sans grandes difficultés. Celui de Gab-
nal-ed-Din a été baptisé par les guides du nom
de « la maison des artistes »; le luxe et l'enchantement de l'architecture arabe de l'époque
des sultans mameluks, y apparaissent miraculeusement conservés; dans l'intérieur on ne
voit pas un seul carreau de faïence brisé, un

4.

seul encadrement de porte détérioré ; tout est comme si les premiers maîtres venaient de s'installer dans leurs vastes appartements ; les meubles mêmes gardent la simplicité d'autres temps, sans rien de ce qui plus tard s'est peu à peu introduit dans les palais de Damas et de Stamboul ; pas d'armoires à glace incrustées de nacre, pas de console avec ornements de bronze ; non, rien que de petites tables basses au bois sculpté, de divans recouverts de tapis de Perse, des bancs de marbre, des niches mystérieuses et de vastes buffets avec d'exquises portes en moucharabié.

Le palais de Muftaferchasse, popularisé par les cartes postales, est aussi un des reliquaires les plus accessibles à la curiosité des étrangers : ses mosaïques et ses plafonds à caissons sont célèbres dans le monde. Mais ce n'est pas dans ces demeures, qui peuvent presque s'appeler musées, que l'on sent vraiment la vie intime de la caste privilégiée, mais dans les simples maisons riches, des savants, des marchands et des fonctionnaires importants,

Là, en effet, dans cette atmosphère de songe, l'élégance et le raffinement mahométans apparaissent non comme une fleur conservée à force de soin, mais avec la spontanéité naturelle d'une plante vivace. Le mal est que, hors du sélamlik ouvert à l'amitié, le reste est impénétrable. Le café, pris dans le salon du maître, il faut nous retirer. La vie familiale de l'Arabe distingué est un perpétuel mystère. Pendant que le peuple grouille et chante dans les places et dans les soukhs, les pachas et les beys cachent leurs harems au fond de palais hermétiques. Et n'allez pas attribuer à un vain orgueil de caste cet isolement. Le même personnage qui, chez lui, au milieu de ses esclaves d'amour, se fait invisible, ira s'asseoir ensuite, seul, dans un coin de rue, pour fumer son narghileh.

Ce que l'on cache, c'est le gynécée, le foyer antique, le nid chaud. « Les principales causes de l'inégalité sociale de l'Europe, c'est-à-dire la naissance et la culture, — écrit le duc d'Harcourt, — n'ont aucune influence en Egypte. Les Égyptiens sont très proches de l'idéal rêvé par nos révolutionnaires. » Au point de vue individuel, en effet, tous les Arabes sont égaux. Dans la réalité comme dans les contes, le fils du savetier peut devenir le favori d'un Khédive, et le fils d'un vizir peut finir par demander l'aumône, sans que l'un gagne, ni l'autre perde en prestige de caste. La familiarité avec laquelle les plus illustres fonctionnaires parlent aux gens du peuple est extraordinaire. De même que dans *les Mille et Une Nuits,* on dirait que tous craignent, au fond, que sous les guenilles d'un mendiant se cache un khalife. C'est que les leçons que donne la vie d'Orient sont de celles que l'on n'oublie pas. Un hasard ruine le riche, un autre hasard enrichit le pauvre. Le grand sorcier de l'existence arabe est toujours le Destin. Il n'y a pas un ouvrier qui ne se croie digne de parvenir à être, avec l'aide du fol hasard, bey ou pacha. Et ceci est peut-être ce qui contribue le plus à donner sa résignation tranquille à la race.

Portant dans l'âme un billet de loterie fantastique, les fils du Prophète espèrent toujours et ne désespèrent jamais. En ce sens, l'œuvre qui fait le mieux comprendre le caractère oriental est peut-être Kismet : « Oh! mortels, — dit le conteur de la célèbre histoire, — écoutez bien la leçon que vous donne le Destin et prêtez attention aux vicissitudes par lesquelles il faut passer notre vie, tantôt l'élevant et tantôt l'abaissant, comme un seau dans un puits. » Mais cette sorte d'indifférence devant ce qui peut arriver et ce dédain des hiérarchies, disparaissent au seuil du harem. Une fois chez lui, l'Arabe est un être qui ne connaît plus de démocratie. Qui, en réalité, peut se targuer d'avoir pénétré jamais dans le gynécée d'un Oriental? L'amitié et l'hospitalité se terminent dans le sélamlik. Un pas au delà, c'est le mystère insondable. Ainsi, nous qui venons vers ces peuples avec le désir de tout voir, nous sommes forcés de nous contenter de ce qui est à la portée de notre regard. Derrière les murs du harem, Allah seul sait ce qui se passe.

* *

Ce qui se passe dans la rue, après tout, suffit pour nous distraire et nous intéresser. En aucune ville d'Orient (peut-être même pas à Constantinople) la variété de types n'est aussi grande que dans celle-ci. « Parmi la foule de la capitale de l'Égypte, — dit Steindorff, — il y a des gens de toutes les couleurs, depuis le cuir re sombre jusqu'au blanc pur, et des visages de toutes les formes, depuis l'aquilin des adorateurs d'Osiris jusqu'au profil énergique des Bédouins, et des corps qui varient de la sveltesse du fellah jusqu'à la lourdeur du Turc. » Ces divers éléments de la population orientale qui, en Turquie, vivent en guerre perpétuelle, ici, en Égypte, où les passions politiques n'existent presque pas, fraternisent loyalement. Il n'y a qu'à les voir réunis dans les quartiers populaires, trafiquant et intriguant, pour se rendre compte de la paix qui règne entre eux. Les regards pleins de haine que les Turcs lancent aux Arméniens, les Arméniens aux Juifs, les Juifs aux Syriens, les Syriens aux Kurdes, les Kurdes aux Bédouins, sont restés à Stamboul. Dans Masr-el-Khaira, chacun porte son costume, et son âme, et sa foi, sans s'exposer à choquer le voisin. A une terrasse de café, je vois maintenant des échantillons variés des populations levantines. Près d'un Perse superbe, constellé de poignards d'argent, qui savoure à petites gorgées sa tasse de thé, un nègre de Nubie, vêtu de blanc, fume sa pipe indolente. A côté d'un caravanier du désert, drapé dans un manteau de poil de chameau, un obèse gardien de harem étale son ceinturon couvert de pierres fausses. Entre deux fellahs aux tuniques bleues, se dresse, telle une statue de bronze, un Abyssin décharné, aux yeux de feu et au profil de vipère. Derrière un turban clair d'Arabe sédentaire, apparaît la couronne de laine d'un Bédouin. Les burnous rayés de gris des Algériens contrastent avec les burnous flottants des cavaliers de Syrie. Les Kawas turcomans, armés comme des capitaines d'opérette, contemplent sans dédain les marchands juifs aux sombres tarbouchs et aux grandes lévites sordides.

Et, à la variété infinie des costumes et des types, correspond la même variété de gestes, d'accents, d'attitudes. Quoiqu'ils parlent presque tous l'arabe, on dirait que chacun a une langue différente, car les sons qui, sur les lèvres d'un nomade, sont rauques et durs, dans la bouche d'un subtil trafiquant du soukh des parfums, se font flatteurs et gazouillants. La voix des Cairotes, surtout des femmes, est fameuse en Orient, par sa douceur et son harmonie. « Ce timbre admirable — écrit Fazil Bey — est un don particulier aux gens d'Égypte : qu'une dame dise une seule fois : « Ah, Leïla ! » et les oiseaux qui volent descendront se poser sur sa gorge. » Le malheur est que nous autres, les infidèles, qui nous promenons comme des intrus parmi la multitude, nous n'entendons jamais dire : « Ah, Leïla ! » Les uniques instants où la voix féminine arrive à nos oreilles sont ceux où, dans les petites boutiques des bazars, les dames voilées marchandent les belles soieries que le vendeur étend devant leurs yeux éblouis, avec des habiletés félines et diaboliques.

* *

Les plus séduisantes ne sont pas, toutefois, ces dames qui achètent des étoffes de luxe, ces aristocratiques esclaves aux mains très blanches, ces farouches houris au tchartchaf de soie. Les plus séduisantes sont d'autres femmes plus modestes, les fellahines aux pieds nus qui passent, rythmiques et légères, et dont les tuniques collantes nous permettent d'admirer leurs corps sveltes, leurs jambes sculpturales, leurs seins menus. A chaque instant, en effet, une de ces représentantes de l'antique race égyptienne nous surprend par sa grâce de figurine de bronze. Ses yeux, peints de bleu foncé, n'ont pas la mélancolique hauteur des regards turcs, ni la sauvage volupté des pupilles bédouines. Les conquérants musulmans ont imposé aux filles des adoratrices d'Isis la religion du Prophète. Mais leurs visages ne se sont jamais résignés au voile et leurs corps continuent à être presque aussi innocemment impudiques qu'à l'époque des Pharaons, où le vêtement était le plus superflu des ornements. Sous le moindre prétexte, elles relèvent leur tunique, laissant à découvert les mollets nerveux, et même, sans aucun prétexte, elles tendent la gorge comme une offrande d'amour. Filles d'esclaves, elles n'ont droit à aucun luxe, à aucun orgueil. La loi somptuaire de leur misère leur permet à peine la coquetterie du khôl qui met des cernes sous les paupières et les anneaux qui font briller les chevilles. Aussi, quand elles s'arrêtent devant une boutique, ce n'est que pour convoiter des bracelets d'argent ou des étoffes de coton. Et il faut voir, si elles se décident à acheter, leurs humbles insistances dans le long marchandage, leur obstination à ne pas s'en aller sans ce qu'elles désirent, leurs attitudes implorantes aux pieds du vendeur qui demande toujours plus que ce qu'elles ont.

Et ensuite, quand elles parviennent à acquérir le bijou, il faut voir comment elles l'emportent, tremblantes de joie. Leurs paupières sombres palpitent d'émotion. Leurs pas sont très rapides. Leur trésor dans les mains, elles fuient du soukh, pâles à l'idée que quelqu'un ne le leur ravisse, et elles suivent, sveltes et ondulantes, les lignes inextricables des ruelles, vers le quartier de sable et de boue où elles ont leurs cabanes primitives sur les rives du rouge Nil, père de la terre et père de la race.

II

LES MOSQUÉES

Les plus grandes merveilles de l'art arabe. — Symbolisme architectonique. — La Gamia du sultan Hassan. — Le paiement d'une œuvre géniale. — Trésors religieux. — Ib-Touloun. — Kait-Bey. — Les minarets sans fin. — Milliers de mosquées. — Les tombes sacrées. — La couleur des sanctuaires.

Ce qui nous est arrivé le premier jour dans le mirador de Mokattam, lorsque nous cherchions en vain une floraison de tours et de dômes, comparable à celle de Stamboul, s'est reproduit ensuite dans nos pérégrinations religieuses à travers des plus vénérables quartiers de la cité. Les livres nous disent : « Il n'y a pas dans l'art arabe de plus purs bijoux que les mosquées du Caire. » Et cela est assurément vrai.

Assurément il n'existe ni en Asie, ni en Afrique, ni en Europe, de merveilles aussi parfaites. Assurément, les livres ne nous trompent pas. Cependant, le seul souvenir de la mosquée d'Omar à Jérusalem avec ses émaux bleus, ou de la grande mosquée de Cordoue avec sa forêt de colonnes, ou de la mosquée de Soliman le Magnifique de Constantinople avec ses quatre minarets et ses innombrables coupoles, nous fait douter qu'il soit ici quelque chose qui puisse se comparer avec ce que nous avons vu en d'autres endroits. Et c'est que, en cela comme en tout, la belle Masr-el-Khaira est une cité qui ne veut pas se livrer au premier qui s'approche d'elle. « Si les fausses splendeurs de Cordoue suffisent à contenter vos âmes (1) — paraissent nous dire ces mosquées — c'est que vous n'êtes pas en-

(1) « Quand on examine de près la mosquée de Cordoue — dit Gayet — le charme se dissipe : le fini de l'exécution n'existe pas ; les arabesques ne sont que de grossiers moulages de plâtre ; le plafond, un mensonge doré ; l'artiste n'est pas encore sûr de soi, et les habiletés dont il se sert pour tâcher de dissimuler ses défauts, n'arrivent qu'à les accentuer. » Valera, lui-même, avoue que « le manque de connaissances, ou peut-être la précipitation des architectes, est cause que sur les colonnes on a mis souvent des chapiteaux qui ne correspondent pas aux fûts. » Et il ajoute : « Après que cette mosquée, en une année seulement, eût été terminée, pour ainsi dire, d'une façon préliminaire et provisoire, elle fut agrandie et embellie par presque tous les khalifes postérieurs. »

core préparés à comprendre notre perfection discrète et impeccable. »

Ainsi, il est nécessaire que nous nous soumettions à l'initiation des lignes sans défaut, des ornements sans tromperie, du luxe sans fausseté, pour parvenir à savourer la grâce suprême de ces sanctuaires. Depuis Ib-Touloun qui fut édifié il y a près de mille ans jusqu'à Kait-Bey qui représente le dernier effort original du génie bordjite, tous les grands temples musulmans sont ici des exemplaires incomparables de l'architecture arabe. Sans doute, les amoureux du pittoresque et de l'étrange trouveront que leurs lignes extérieures n'ont pas les capricieuses complications de certains temples syriens et que leurs sanctuaires sont moins impressionnants que ceux de beaucoup de mosquées moghrabines.

A Tlemcen, à Sfax, à Alger même, il y a plus de romantisme dans l'art religieux. Mais en ce sens, on pourrait dire aussi que n'importe quelle ruine de Balbek est supérieure au Parthénon. L'intéressant, en effet, dans l'esthétique cairote, est sa sublime simplicité dans les canons sarrasins. Les plans sont clairs, les proportions logiques, les détails délicats. Il n'y a rien d'énorme dans l'ensemble. Parfois, dans une même rue, nous trouvons trois ou quatre mosquées et cependant leurs silhouettes réunies nous surprennent moins que l'amoncellement de toits, de tours et de coupoles d'une seule *djâmi* à Stamboul. Les architectes des khalifes fatimites et des sultans baharites ne se proposaient pas de déconcerter par de formidables inventions, mais de charmer par de pieuses harmonies. Tout est fait pour Allah. Tout est fait pour la méditation et la prière à l'ombre d'Allah. Même l'enchevêtrement polygonal des ornements muraux qui paraît si inutilement luxueux à ceux qui ignorent les mystères de la symbolique mahométane, y prend une profonde signification mystique. « Ce qui n'avait été, au début, qu'un instrument architechtonique — dit un historien de l'art arabe — se changea en un moyen d'expression incomparable pour créer les sensations les plus complexes. Une symphonie susceptible de produire à volonté tel ou tel ordre d'idées était entre les mains des constructeurs de polygones. Il y avait dans leur esprit un théorème : étant donnée la voûte d'un monument, faire de sa surface intérieure un ensemble de polygones sphériques qui reflète tels sentiments. A l'analyse, on trouve des impressions rayonnantes ou tristes, superbes ou frêles, simples ou compliquées, selon le thème initial qui préside aux principes. » Qu'est-ce qui n'est pas médité et préparé, d'ailleurs, dans cette architecture? Devant les murs nus de la merveilleuse Gamia du sultan Hassan, les ombres mouvantes que projettent les stalactites de la corniche surprennent comme un effet du hasard. A mesure que la lumière du soleil change, les arabesques s'allongent ou se resserrent, faisant plus ou moins large la grande frise idéale. Et l'on pense qu'aucun collaborateur n'est plus admirable que celui du sort. Mais ensuite, en lisant l'histoire de la magnifique construction, on note que ni les ombres extérieures, ni les pénombres de l'intérieur, ni rien dans les détails et dans l'ensemble, ne fut providentiel. L'architecte avait tout prévu dans son plan, même la projection des ombres. « Si tu réalises ce que tu offres, — dit le sultan à cet architecte après avoir admiré son projet, — il n'y aura rien de comparable dans l'Islam. » Une fois la mosquée terminée, tous déclarèrent qu'elle était la plus belle qu'on avait vue jusqu'alors. Pour récompenser l'artiste auteur d'une aussi grande merveille, Hassan le manda en sa présence et lui fit couper les deux mains en murmurant : « Ainsi tu ne pourras faire un autre modèle semblable. » Et après, pour concilier la précaution avec la justice, il le combla d'honneurs et de richesses.

***

Quelles richesses pouvaient valoir celles que cet homme laissait entre les pierres de sa mosquée? Aujourd'hui même, tous les artistes sont d'accord pour déclarer que rien dans l'art religieux oriental ne peut rivaliser avec cet édifice. Dès l'entrée, la surprise et l'enchantement s'emparent de notre âme. La première porte, puis le vestibule, avec ses profondes niches sculptées, ses colonnes cannelées, ses marbres de nuances exquises, ses rosaces géométriques et sa coupole de stalactites, produisent une profonde impression de grâce et de splendeur. Nous n'avons nulle part rien vu d'égal. Et cette impression grandit encore dans le sanctuaire même. On ne peut se faire une idée de la beauté de l'ensemble et de la délicatesse des détails. Les guides nous préviennent que quelques-uns des

plus riches ornements primitifs ont été volés à
ce temple par des sultans et des khédives sans
scrupules. La porte monumentale de bronze
incrustée d'or et d'argent qui constitue aujour-
d'hui le plus pur ornement de la Gamia el
Muayyed, se trouvait en d'autres temps à l'entrée
de ce liwan. Les lampes énormes que les curieux
admirent dans le Musée Arabe comme d'inimi-
tables modèles de cristallerie et d'orfèvrerie
servaient pour éclairer cette pénombre. Mais,
malgré tout, il reste encore, entre ces murs
immenses, assez de trésors pour enrichir cent
alcazars. Le sanctuaire seul, avec ses nombreuses colonnes que surmontent les plus fins
chapiteaux, avec sa voûte de couleur, avec son
fond de très fines mosaïques et son ample cadre
de jaspes et de porphyres enchassés dans de la
pierre bleue, est un joyau d'un inestimable prix
artistique. A côté de lui, le mimbar, au portique
de stalactites dorées, élève sa chaire à une hauteur relativement considérable. Tous les murs
sont couverts d'arabesques, de mosaïques, d'in-
crustation. A la partie supérieure, une frise immense, d'une richesse de dessin extraordinaire,
montre entre des ornements bleus, verts, rouges
et jaunes les saintes lettres du Coran.

*
* *

Si la Gamia du sultan Hassan est la plus belle du monde, celle de Ib-Touloun peut être considérée par les artistes comme la plus vénérable. Ceux qui y vont, après avoir visité des édifices postérieurs, ne peuvent s'empêcher de la trouver un peu fruste. Ses arcs, dans lesquels les archéologues ont découvert l'origine de l'ogive, sont trop secs et trop nus; aucune mosaïque ne les décore; aucune polychromie ne les égaye. C'est à peine si sur leurs bords court, comme une frange, un austère motif ornemental dans lequel on ne voit pas encore les délicats entrelacs des polygones. Tous ses ornements sont de style byzantin. Ses piliers rectangulaires, avec quatre colonnes adossées aux angles, offrent un aspect rude. Le plafond est soutenu par des poutres de sycomore sans couleur. Les murs enfin apparaissent dépourvus de délicatesses et de nuances dans leur décrépitude uniformément grise. Et seules leurs fenêtres en stuc ajouré ont quelque chose de gai, de clair, de fin.

Mais rappelons-nous que telle que nous la

voyons aujourd'hui, cette mosquée, mère de toutes celles du Caire, modèle de presque toutes celles du monde, n'est que le squelette du monument primitif.

« Si nous nous en rapportons à la description de son inauguration, faite par les historiens arabes, — dit Gayet, — nous devons reconnaître que l'effet que sa splendeur produisit fut merveilleux.

« La cérémonie eut lieu un vendredi de Ramadan, de l'année 265 de l'hégire (neuvième siècle de notre ère). Alors, de magnifiques mosaïques ornaient les murs jusqu'aux frises, un dallage de marbre couvrait le sol et sur ce dallage il y avait des tapis de Behnesch. Le Coran entier se déroulait en caractères d'or sur les portiques, sous une frise d'ambre découpée comme une dentelle. Le kiosque de la fontaine des ablutions avait une colonnade de marbre et au milieu était un jet d'eau qui remplissait une immense vasque d'albâtre ; entre les colonnes on voyait un treillis d'or. Le plafond du kiosque était couvert de cassolettes et de lampes. Dans le sanctuaire, la kibla brillait couverte de dorures et parfumée d'essences de rose, de santal et de safran. Le mimbar et le dékké étaient de bois précieux. Quand venait la nuit, d'immenses lustres de bronze illuminaient l'ensemble. Dans des braseros d'argent brûlaient les pastilles d'ambre dont la fumée et le parfum remplissaient d'une brume suave le sanctuaire. »

Et si, à cette description, nous ajoutons la légende arabe suivant laquelle le sultan Touloun dut recourir à la magie pour se procurer les trésors nécessaires à la construction de sa mosquée, nous devons reconnaître que ce que nous venons de voir n'est que l'ossature d'une merveille qui n'existe plus. Mais telle qu'elle est encore, caduque et nue, avec des murs qui s'écaillent et des plafonds qui se lézardent, la vénérable Gamia conserve toujours une magnificence archaïque qui nous permet de nous rendre compte de ce que fut la pureté du style arabe à sa merveilleuse aurore.

.•.

Entrer dans la mosquée Kait-Bey, en sortant d'Ibn-Touloun, c'est parcourir en un instant l'espace qui sépare l'aube et le déclin d'une grande civilisation. Kait-Bey, en effet, représente la dernière manifestation grandiose de l'art arabe.

Après elle, dans la longue période de la domination turque, on ne voit plus que des copies d'édifices antérieurs ou des tentatives originales sans intérêt. La véritable architecture religieuse des mahométans meurt avec le xve siècle, mais avant de disparaître, elle nous laisse cette fleur admirable qui, dans des proportions relativement réduites, contient toute la grâce, tout le parfum, toute la ferveur du rêve qui l'inspira. De loin, le temple séduit par son svelte minaret ajouré, par son dôme bulbeux couvert d'arabesques, par ses légères arêtes dentelées, par la pureté de ses lignes droites et la gaîté de ses pierres rouges et blanches. Ses fenêtres supérieures sont de doubles arcs surélevés, et les fenêtres inférieures ont des grilles d'or. Sa porte très haute, aux dessins fantasques, s'orne d'une frise de marbre noir avec incrustations de marbre blanc.

Une fois dans le vestibule, nous voyons sur nos têtes une voûte de stalactites, et des bronzes ciselés nous entourent. Mais la véritable impression de palais enchanté, d'alcazar de fées, nous l'éprouvons en entrant dans le sanctuaire même. Il n'est pas possible d'imaginer tant de luxe uni à tant de raffinement. C'est un oratoire pour sultanes des mille et une nuits, c'est l'invraisemblable réalisation d'un rêve mystique éternisé en ors, en jaspes, en émaux, en bois précieux. En quelque endroit que notre vue se pose, une surprise jamais imaginée nous charme. Chaque meuble rituel est un bijou, chaque détail décoratif un miracle, en chaque recoin nous découvrons de nouvelles délices. Voici un tabouret, un simple tabouret pour qu'un muphti s'immobilise en attitude de sainteté; voici une espèce de pupitre sur lequel on place, aux heures de prière, un Coran vénérable; voici une lampe de bronze... Tous ces objets, comme d'autres consacrés au culte, sont exquis par leurs incrustations, leurs arabesques, leurs dentelures, leurs ciselures, leurs transparences. Et que dire du travail incroyable des plafonds, où dans des stalactites infiniment fines se mêlent l'or et l'ivoire sur un fond de célestes fleurons! Il n'est pas jusqu'aux poutres qui soutiennent les lampadaires qui ne soient, grâce à leur forme semi-cylindrique et à leurs exquises ornementations, de véritables pièces de musée. Le mirhab est couvert de mosaïques somptueuses et le mimbar est un des plus beaux qui existent au monde.

La petitesse même de cette mosquée paraît méditée. Ce n'est pas un temple pour les prières des multitudes, non; c'est une simple chapelle aristocratique destinée aux méditations des poètes, des saints et des princes.

.·.

Quand on sort de la Gamia Kaït-Bey on n'éprouve plus le désir de visiter d'autres lieux sacrés. Il en reste cependant à voir des centaines et des milliers. Le mystique pèlerinage ne s'achève jamais. Dans quelques ruelles, les minarets se suivent en files interminables, comme des caravanes de pierre. Et presque toutes les demeures d'Allah et du Prophète contiennent quelque trésor; et toutes incarnent quelque tradition fervente. Celle de Hakim est millénaire; celle de Mardani prétend être la plus vaste de l'Islam; celle de Mouayyad s'enorgueillit de ses portes d'argent; celle d'El-Azhar donne asile à plus de dix mille étudiants en théologie; celle d'Amrou, avec ses vingt-deux nefs parallèles, garde, entre ses murs ruineux, les souvenirs de grandeurs antérieures à la fondation même du Caire; celle de Seyidna Hossein est la plus vénérée par les femmes, celle de Bordeini, enfin, étale vaniteusement des plafonds d'un luxe fabuleux... Et il y en a d'autres qui se glorifient de splendeurs moins respectables, comme celle de Mohammed Ali qui est éclairée par d'énormes lampes de verre, fabriquées en Allemagne...

Mais toutes, même celles qui ne sont pas des œuvres parfaites, même celles qui datent de l'époque du mauvais goût turc, toutes, ont le charme de leurs cours égayées par les eaux des fontaines et rafraîchies par les palmes. Bien souvent, les fidèles prient dans ces espaces libres, à l'ombre des hauts murs aux fines dentelures.

Au Caire, en effet, il y a peu de mosquées fermées sur leurs quatre faces. En général, le côté qui donne sur le mirhab est ouvert. Le climat permet cette particularité qui laisse le sanctuaire libre pour qu'y pénètrent de dehors les prières et les pigeons (1). Que cela ait l'in-

---

(1) D'après Valera, la mosquée de Cordoue avait aussi un de ses côtés ouvert. « Le long du quatrième côté de la cour, qui était celui du Sud, — dit-il, — s'étendait la partie couverte du temple avec ses innombrables rues de Colonnes, non, comme on peut le croire d'après leur

convénient de supprimer le doux mystère des pénombres, tous les rêveurs le reconnaissent. Mais les artistes font remarquer que d'une autre manière les filigranes des ornements seraient moins visibles. Pour tant de mosaïque, pour tant d'arabesque, pour tant d'émail, pour tant de ciselure, la grande lumière est nécessaire. Si les architectes et les décorateurs cairotes n'avaient dû compter qu'avec les demi-éclairages d'autres peuples, il est probable qu'ils ne se seraient pas livrés à cette débauche d'admirables détails. A Kaït-Bey, les stucs de Cordoue paraîtraient grossiers. Car, au Caire, ce qui n'est qu'un trompe-l'œil se voit tout de suite. Mais il faut avouer que presque tout est d'une admirable pureté. Les Turcs de la période bordjite eux-mêmes qui, dans les lignes générales des édifices sont si peu artistes, continuent dans l'ornementation intérieure la tradition impeccable. Grâce à ce souci du travail précis et précieux, il n'existe pas, en réalité, une seule

état actuel, fermée par un mur, mais suivant l'usage primitif, comme la plupart des mosquées d'Orient, ouverte entièrement vers la cour de façon que la vue pouvait pénétrer depuis la clarté du jour dans la sainte obscurité des arcs et des voûtes. »

6.

Gamia, pour moderne qu'elle soit, où l'on n'ait quelque chose à admirer.

.·.

Mais comment prétendre les voir toutes? Une vie entière n'y suffirait pas. Elles sont si nombreuses et offrent tant de trésors à observer à loisir! Beaucoup possèdent, sous la coupole qui les couronne, une tombe sainte ou un sépulcre royal qui, sans faire partie du temple même, le complète et le complique. Chaque sultan mameluck, chaque khalife fatimite, chaque thaumaturge célèbre a sa mosquée. Quand, entre les minarets rituels, on aperçoit la masse bulbeuse d'une rotonde, on sait qu'un grand croyant dort là-dessous son sommeil éternel. Une porte, en général couverte d'incrustations de bronze et de nacre, sépare le sanctuaire proprement dit de ce « tourbé ». Et telle est la vénération que les chapelles votives inspirent, que les musulmans prient aussi bien devant la tombe que devant le mirhab, sans se rendre compte que le Coran répudie les idoles, qu'elles soient de chair, d'or, de pierre, de bois « ou d'une matière quelconque ». Parfois le sacrilège va jusqu'à donner une plus grande importance à la crypte funéraire du héros ou du saint qu'à l'enceinte d'Allah. Cela vient de ce que ce ne sont pas les tourbés qui se construisent près des mosquées, mais les mosquées près des tourbés. De même que les pharaons qui régnèrent il y a des milliers d'années sur l'autre rive du Nil élevèrent des pyramides pour enterrer leurs cendres, les khalifes des différentes dynasties cairotes firent construire les plus beaux et les plus grands dômes pour recouvrir leurs restes. L'Égypte a toujours été le peuple de la religion de la mort. Sous ce ciel bleu qui ne parle que de vie, d'amour, de joie, les générations ont passé à travers les siècles avec la constante obsession du néant. Un monument y perpétue toujours un souvenir. Mais si le soleil, avec sa joie, n'est jamais arrivé à effacer les images funèbres, il les a au moins entourées de couleur, de beauté, de luxe, et l'on pourrait même dire de volupté. Les cavernes de Thèbes, où reposent les momies royales, sont, en effet, couvertes de reliefs polychromes, et sous les coupoles du Caire les plus brillantes mosaïques étalent leurs marbres, leurs jaspes, leurs ivoires, leurs nacres. Il n'existe pas une seule gamia qui soit un Escurial. Le noir n'est pas de ce peuple. Dans la tragédie interminable de ses dynasties, près du fleuve couleur de sang, la vie a toujours été émaillée d'or. Les sultans succombaient au milieu de reflets d'armures et de chatoiements d'étendards. Ces splendeurs, les sanctuaires funèbres les conservent et les éternisent. On peut à peine se rendre compte de la richesse de tons des mosquées. Des pilastres de lapis-lazuli des mhirabs, jusqu'aux bronzes déteints des plafonds, des gammes sont infiniment variées, grâce aux pierres, aux soies, aux émaux et aux métaux. Il y a un temple qui s'appelle Bleu, un qui s'appelle Rouge. Les autres devraient s'appeler multicolores. Et ainsi, ce qui pour un croyant fervent pourrait être, dans la visite des centaines de tourbés célèbres du Caire, un pèlerinage funèbre, n'est pour nous, qui n'avons ici ni préoccupations religieuses, ni enthousiasmes patriotiques, qu'une perpétuelle fête des sens.

III

LES RESTES DE LA RACE MILLÉNAIRE

Dans le quartier copte du Caire. — Le type invariable. La vie sordide et la misère. — Les hérétiques eutychéens. — La liturgie copte. — La cathédrale de Babylone. — L'immobilité des âmes. — La vie copte. — Mysticisme et immoralité. — Ignorance et superstition. — Le suprême mysticisme.

Nous avons laissé loin derrière nous les quartiers arabes et nous avons traversé les rues ruineuses de Masr-el-Kadima, la cité antérieure à la conquête mahométane. Sur les bords du Nil les palmiers annoncent les jardins des faubourgs. Tout à coup, un vaste mur lézardé sur lequel se dressent encore, ruineux mais hautains, des créneaux guerriers, nous coupe le chemin. Là, derrière ce mur, est la Babylone copte, la capitale des anciens Égyptiens convertis au christianisme par l'apôtre Marc. Tous ceux qui viennent au Caire, ne serait-ce que pour y passer huit jours sous la conduite d'un cicerone, accomplissent le pieux pèlerinage en l'honneur de la race en laquelle se perpétue à travers les âges, au physique comme au moral, le peuple des constructeurs des pyramides. La saleté et la décrépitude des ruelles qui forment un indéchiffrable dédale dans l'enceinte des murailles de la vieille forteresse romaine, sont affligeantes. Comment ces êtres peuvent-ils vivre dans de si misérables réduits, sans air, sans lumière, sans eau, et ne pas dégénérer? N'importe quel ghetto du moyen âge, de ceux où les Juifs perdaient en quelques siècles leur force et leur beauté, est plus habitable que cet amoncellement de taudis. Et, cependant, ici le type millénaire se conserve en toute sa pureté. Les hommes et les femmes que nous rencontrons semblent sortir des hauts-reliefs des emples thébains. C'est la même sveltesse rythmique, ce sont les mêmes hanches étroites, ce sont les mêmes visages de bronze, éclairés par des yeux noirs et fendus, ce sont enfin les mêmes profils d'éperviers. En voyant ces êtres, nous nous demandons comment ils ont pu, malgré quatorze cents ans de jalouse domination arabe, éviter l'absorption par le peuple conquérant. A la campagne, leurs frères, les fellahs, convertis à la foi de Mahomet, accusent l'influence que les croisements avec les envahisseurs déterminent toujours chez les populations conquises.

***

Mais les Coptes ne sont pas les fellahs. Les Coptes ont eu toujours leur religion comme un rempart. Ils n'ont même pas voulu se mêler aux chrétiens orthodoxes ou catholiques, parce que, professant une très antique hérésie, ils éprouvent toujours à l'égard des autres sectes de Jésus le même mépris qu'à l'égard des fils de Mahomet.

Eutychès, le diabolique Eutychès que les papes et les empereurs ne se lassèrent pas d'anathématiser pendant le moyen âge, et qui ne représente pour nous qu'une ombre vague parmi beaucoup d'ombres évanouies, continue d'être leur unique docteur. Parlez-leur des théologiens de Chalcédoine, et vous les verrez sourire avec dédain. Parlez-leur de saint Augustin, de saint Jean Chrysostome, de saint Jérôme, et vous constaterez leur ignorance. Parlez-leur des législateurs de Trente, et il ne vous comprendront même pas. Pour eux, en effet, tous les conflits se sont réduits à l'antique lutte des diphysites et des monophysites. Etant monophysites, ils sont encore considérés à Rome comme des hérétiques.

Mais, à vrai dire, leur hérésie est si ingénue, et, on pourrait presque dire, si inoffensive, que nul ne s'est jamais acharné contre leurs pratiques même aux époques de persécution et de fanatisme : « Jésus Notre-Seigneur — assurent-ils — n'a pas deux natures, une humaine, une autre divine, mais une seule : la divine. » Et pour expliquer cette « unité » de celui qui se nommait lui-même le fils de l'Homme ils ajoutent que si, dans son origine, le Christ put réellement participer de l'essence humaine et de la divine, le divin finit par absorber en lui l'humain.

Examinée avec l'esprit tolérant de notre temps une telle subtilité de métaphysique dogmatique choque à peine. Faire du Nazaréen un être supérieur à l'espèce mortelle, le dépouiller de son aspect visible et ne vouloir considérer en lui que la divinité, est au fond un hommage qui devrait être agréable à tous ceux qui croient avec ferveur. Mais à l'aube de l'Église, cette gracieuse interprétation de l'essence du Verbe servit de prétexte aux disputes les plus complexes de moines et de docteurs. Le concile dans lequel fut proclamé le dogme du monophysisme, a été baptisé du nom de « brigandage d'Éphèse ». Professer une erreur spirituelle, être fils d'imposteurs excommuniés, représenter le plus ancien des schismes, ne préoccupe cependant en aucune manière les bons Coptes, dont le mysticisme, après tout, n'a presque de chrétien que la surface. Approfondissez leurs croyances, en effet, et vous constaterez qu'elles sont pleines d'éléments plus anciens que le paganisme même. Les dieux de Memphis et de Thèbes sont morts dans toutes les âmes. Mais les superstitions et les sentiments dont ils furent les symboles vivent encore, enveloppés des mythes chrétiens, dans le cœur de ces derniers héritiers de la race égyptienne.

* *

La liturgie copte est une de celles qui intéressent le plus, par leur antiquité et leur caractère, ceux qui étudient le christianisme oriental.

« En entrant dans l'église — dit Schweinfurth — les fidèles s'agenouillent devant les images suspendues à chacun des autels et baisent les mains des prêtres. Le culte auquel la communauté assiste debout (les personnes faibles s'appuyant sur des béquilles) dure parfois près de trois heures et consiste surtout en la lecture et en la récitation des Évangiles en langue copte. L'officiant se fait assister par quelque maître d'école et un chœur d'enfants. Pendant les récitations, les fidèles parlent entre eux sans le moindre scrupule. Au bout d'un certain temps, le prêtre sort du hékal en balançant un encensoir ardent, se mêle aux fidèles et impose sa dextre sur la tête de ceux qui sont le plus près. La cérémonie de la Sainte Cène termine l'office ordinaire. Dans la fête du baptême du Christ, le 19 janvier, les hommes et les enfants se plongent dans les fonts baptismaux ou dans le Nil qu'un prêtre bénit. La veille de cette fête, le jeudi saint et le jour des apôtres, les prêtres lavent les pieds à tous les fidèles. Le dimanche des Rameaux a lieu la bénédiction des calottes de palme que les Coptes portent ensuite toute l'année sous le turban, pour se protéger des périls du corps et de l'âme. On prête, parmi eux, une grande importance à un jeûne rigoureux pendant lequel tout aliment d'origine animale, tel que les œufs, les graisses et le fromage sont défendus. »

Après avoir lu cette page, j'aurais voulu assister à une messe dans l'église de Saint-Serge; mais mon cicerone qui, en bon musulman, méprise les Coptes, ne m'a permis de voir que la fin de la cérémonie. « Il n'y a que cela d'intéressant », m'a-t-il dit. En réalité, sinon intéressant, c'est au moins curieux. L'office divin va se terminer quand nous entrons dans le vaste sanctuaire. Les femmes sont séparées des hommes, comme dans les mosquées. Une odeur pénétrante dans laquelle se confondent les émanations animales et les parfums sacrés nous monte à la gorge. L'atmosphère est pleine de murmures sourds, que je prendrais pour des prières si Schweinfurth ne m'avait prévenu que les fidèles de ces temples bavardent pendant que l'officiant lit. Peu à peu, je m'ouvre un chemin, au milieu de regards hostiles, jusqu'au voisinage de l'iconostase. Le patriarche est là, devant le maître-autel, entouré d'enfants. Lentement, il récite les dernières strophes de quelque anaphore de saint Basile. Sa voix est monotone, voilée, tassée. L'instant de la Sainte Cène approche. Les fidèles, toutefois, ne cessent de parler sans paraître attacher une grande importance aux préparatifs du tabernacle où s'amoncellent les pains et les jarres de vin. Quand arrive le moment suprême d'offrir le sang de Jésus à ceux qui ont soif d'idéal, le bon patriarche prend son calice, le lave, l'emplit de vin, y trempe un morceau de pain qu'il mange avec une franche gloutonnerie. Il va ensuite vers ceux qui attendent la communion et leur distribue des morceaux également imbibés du liquide symbolique. La messe finit ainsi. Et le prêtre disparaît derrière les grilles comme s'il s'évanouissait dans l'abîme des siècles. Et le peuple, mâchant le pain de Notre-Seigneur, s'éloigne, sans hâte, pour continuer à rêver dans ses logis misérables le vague rêve de sa vie.

* *

Quand les derniers fidèles ont disparu, la vieille église de l'apôtre saint Marc me paraît moins humble, moins sombre, moins sordide que pendant la messe. Beaucoup de cierges se sont éteints cependant. Mais la foule noire a disparu, la foule sans un seul ornement de couleur, la foule de tuniques noires, de turbans noirs, de voiles noirs, qui paraît porter éternellement le deuil de sa splendeur morte et de son indépendance perdue.

Maintenant, la lumière du soleil éclaire mieux les ors de l'autel et des chapelles latérales. Aux murs les christs d'ivoire s'immobilisent en attitudes d'une rigidité byzantine. Les bas-reliefs de l'iconostase, avec leurs longs cortèges de bergers et de rois mages, avec leurs saints hiératiques, avec leurs cénacles d'apôtres barbus, ont un charme d'art très candide et très raffiné. Les antiques et vénérables caractères égyptiens qui servirent au temps des Ptolémées à célébrer la gloire des dieux de la Grèce unie à celle des dieux de Thèbes, proclament, graves et secs, la conversion de la race à la religion d'un seul Dieu Tout-Puissant. Et cela, bien que restauré par de sacrilèges décorateurs modernes, conserve miraculeusement un délicieux et attendrissant aspect d'incurable vétusté qui est l'image même des fidèles qui remplissent le sanctuaire à l'heure de la messe.

.*.

En un autre pays, une communauté comme celle-ci, qui ne peut se renouveler, serait condamnée à disparaître à bref délai, absorbée par les Églises vigoureuses qui l'entourent. Mais en Égypte, tout s'éternise à l'ombre des pyramides.

Aujourd'hui la foi copte est comme l'eau stagnante d'un marais. Les prêtres n'ont pas de séminaires et ne font pas d'études. Les fidèles croient, parce que leurs pères ont cru. En d'autres temps, au-dessus du monophysisme, qui n'était qu'une formule dogmatique défendue par quelques centaines de patriarches avides de lutte, il y eut, dans la manière des Égyptiens de sentir le christianisme, un fonds positif qui correspondait aux nécessités de la vie. C'est des premiers cloîtres coptes, en effet, que sortirent ces innombrables évangiles apocryphes dans lesquels Jésus, perdant, jusqu'à un certain point, son humanité sublime d'apôtre, se révélait d'une grâce un peu puérile de défenseur des femmes et des enfants. Les fils dégénérés des constructeurs de pyramides avaient besoin, alors, de douces paroles pour se consoler des violences de leurs maîtres byzantins, romains ou arabes, et ces paroles, ils les cherchaient dans les récits chrétiens. Un Jésus qui, par-dessus tout, prêche la mansuétude et la résignation, un Dieu pour esclaves incapables de se révolter, un pieux panseur de blessures, un prometteur de félicités futures à ceux qui souffrent avec patience dans le monde plein d'injustices, voilà ce qu'il leur fallait et ce qu'ils trouvèrent dans les gloses mystiques de Matthieu et de Marc. Aujourd'hui, heureusement, ce baume ne leur est plus aussi nécessaire.

Le nouveau régime égyptien, loin de les traiter avec des cruautés injustes, paraît leur être plus favorable qu'aux Arabes. « Les Coptes, dit Schweinfurth, vivent généralement dans les villes et se consacrent d'une manière exclusive aux professions et aux métiers élevés : ils sont horlogers, orfèvres, joailliers, brodeurs d'or, tailleurs, tisserands, ébénistes, ou bien secrétaires, teneurs de livres, caissiers, fonctionnaires publics ou commerçants. » La seule chose qu'ils conservent de leur ancienne situation de parias, est la saleté dans le vêtement et le logis. Ces masures du quartier de Babylone sont de véritables trous sans lumière et sans air. Extérieurement, toutes paraissent sur le point de s'effondrer; et, quant à leur intérieur, ce qu'on en voit par les petites portes entr'ouvertes dénote un dénuement qui serre le cœur. Assurément, les pauvres Arabes des vieux quartiers cairotes doivent être plus misérables que ces Coptes. Mais soit parce que l'atmosphère du quartier enclos dans les murs de l'ancienne forteresse produit une impression étrangement sordide, soit que réellement ces êtres aient plus de peine à vivre que les autres habitants de la ville, il n'y a vraiment pas un recoin ruineux dans l'immense Masr-el-Khaira qui produise un effet aussi lamentable. « S'ils voulaient, disent quelques-uns, ils pourraient vivre mieux dans des endroits plus sains. » C'est probable, puisqu'ils exercent des métiers lucratifs. Mais il faut tenir compte que ce faubourg millénaire est pour eux, comme leur foi, une relique. Renouveler dans leur esprit, correspond à détruire. Il leur est indifférent que les prêtres continuent à lire des textes dont personne n'entend goutte et que la majeure partie de leurs traditions soient des légendes momifiées comme les crocodiles du musée des Antiques. Ces textes et ces légendes sont ceux qui firent rêver les contemporains du glorieux Eutychès et du saint Cyrille, qui vivaient dans ces mêmes masures, auprès de cette église déjà vénérable.

*
* *

En dehors de la basilique de Saint-Serge, qui est comme la cathédrale de la foi monophysite, il y a dans l'enceinte des murailles de la forteresse de Babylone, un certain nombre d'autres églises très fréquentées. Pour un espace aussi réduit, cela étonne les Européens. Rien cependant n'est plus naturel. Les Égyptiens chrétiens, comme leurs aïeux, les adorateurs d'Isis, mêlent la religion à tous les actes de leur existence. Un des savants qui ont étudié le plus à fond l'âme invariable de l'Égypte, fait observer qu'au temps des Pharaons, la vie entière du peuple avait pour objet les pratiques superstitieuses de la religion. Et il ajoute : « Il en est de même avec les chrétiens des rives du Nil ; leur conversion ne leur a jamais fait abandonner les coutumes de leurs ancêtres, ni ne les a rendus plus tempérants ou plus chastes. Tant qu'a duré leur antique foi, ils avaient les livres sacrés de Thoth, les incantations magiques et les amulettes pour se préserver des maux. Quand ils eurent adopté la doctrine chrétienne, ils adoptèrent la Bible, et, non contents de cela, se forgèrent un immense arsenal de prophéties, d'évangiles et d'apocalypses apocryphes. Pour accorder leurs livres saints et leur foi, ils revêtirent d'apparences chrétiennes toutes les superstitions et magies du pays. Le procédé était commode et facile. Au lieu de noms de génies, de dieux et d'esprits égyptiens, ils adoptèrent des noms d'anges, de saints, de prophètes et de démons, selon la terminologie hébraïque ou grecque, et tout fut réglé. » — Effectivement, il n'y a pas de lieu au monde où la religion soit aussi familière que dans l'Égypte chrétienne. Depuis ces fameux solitaires du désert qui parlaient à Jésus à toute heure et qui entreprenaient très fréquemment d'imaginaires voyages au paradis, jusqu'aux fidèles d'à présent qui, pour les plus minimes opérations de la vie, font intervenir leurs saints préférés, ce bon peuple a toujours vécu dans un rêve de mysticisme familier.

Le bavardage général pendant la messe est un signe de cet état d'âme. Ne voyant pas en Dieu, comme les juifs, un être terrible, mais un protecteur paternel, les croyants ne se prosternent pas, terrifiés, devant sa grandeur. Ils lui parlent avec familiarité. Le dernier pasteur luthérien considérerait comme un sacrilège impardonnable le ton sur lequel saint Schenudi, obligeait les prophètes et Jésus même à intervenir en personne dans les événements de sa vie.

Pour mettre une pierre sur une église, il faut que les chérubins s'en mêlent; pour trouver un objet perdu, l'intercession d'un saint est nécessaire; pour sauver quelqu'un d'un mal sans importance, le médecin indispensable est Élie ou Jacob. Comment, donc, s'étonner que ce clergé soit si ignorant et si peu respecté des fidèles? Chaque Copte sait, sans avoir lu un seul livre, autant que le patriarche. Imaginatif et routinier, le peuple égyptien converti au christianisme, s'est alimenté spirituellement, à travers le moyen âge, dans lequel il vit encore, de légendes poétiques et de fantastiques superstitions transmises de génération en génération. Quand les archéologues découvrent dans les cryptes des couvents quelques-uns de ces récits mystiques qui se lisent aujourd'hui avec tant d'intérêt en Europe, ce qui les surprend le plus est de constater que ce qui leur paraît de véritables découvertes ne sont que des versions antiques d'histoires que les habitants de la Babylone du Caire ou des quartiers coptes d'Assiout se content encore avec tous les détails.

.˙.

A vrai dire, ce qu'il y a d'étrange dans ce pays où tout s'éternise, n'est pas que les Coptes conservent toujours, malgré l'invasion mahométane, leurs croyances, leurs mœurs, leurs traditions et leurs légendes, mais qu'ils aient perdu leur langue primitive pour adopter l'arabe de leurs ennemis. A quel moment d'impardonnable oubli se produisit ce changement d'idiome? Quelles causes l'ont déterminé? L'histoire ne nous le dit pas. Mais la malice attribue un si grand crime de lèse-nationalité, au fonds mercantile de la race. Pour commercer avec les vainqueurs, les Égyptiens n'avaient besoin ni d'abandonner leurs coutumes, ni de changer de religion. Ceux qui se convertirent à l'Islamisme, le firent par peur ou par manque de foi. Les véritables croyants gardèrent leurs convictions et renoncèrent seulement à leur langage, parce que le langage nouveau était le seul qui permît de s'entendre avec les envahisseurs, de négocier, de vivre, en un mot. L'idée que le copte continuerait toujours à être l'idiome des temples, doit, au surplus, avoir calmé les scrupules des premiers renégats. « Dans le spirituel — se dirent-ils, sans doute — les textes écrits par nos aïeux seront éternellement les nôtres. » Seulement, en pensant ainsi, ils ne tinrent pas compte du peu de goût pour l'étude que leurs prêtres ont manifesté depuis les époques primitives.

Il n'y a pas de clergé, en effet, moins instruit que celui des chrétiens d'Égypte. Dans les couvents, les moines qui savent lire, sont rares. Parmi les prêtres, la lecture est une fonction mécanique qui leur permet de réciter les Évangiles sans les comprendre. Le sacerdoce, au surplus, n'est pas chez eux une école de morale ni de discipline. Les patriarches jouissent du droit non seulement de se marier, mais d'avoir plusieurs femmes. Et cela n'est rien. Dans un couvent de Zavi-el-Dir, les moines exerçaient, jusqu'au temps de Mehemet-Ali, l'industrie de la fabrication d'eunuques. Et lorsque quelque voyageur chrétien leur faisait observer l'odieux d'un semblable trafic, l'archimandrite, très tranquille, lui répondait : « Il y a toujours eu des eunuques et il y en aura toujours. Si nous ne les faisions pas, d'autres les feraient, et peut-être plus cruellement. Il faut penser aussi que les esclaves réduits à cette condition ne sont pas malheureux, puisqu'ils vivent dans leurs harems, sans peines et sans famille, et qu'ils sont à l'abri des désirs qui tourmentent la généralité des hommes. » Maintenant, le négoce de ce fameux monastère a disparu, grâce aux lois imposées par les Anglais, et les anciens vendeurs de gardiens de houris se sont changés en mendiants. Quand un Copte se fait moine ou prêtre, c'est du reste parce qu'il ne veut, ou ne peut gagner sa vie d'autre manière. Ceux qui sont capables de calculer ou d'intriguer se consacrent au commerce, au fonctionnarisme, à la banque ou à l'usure. Chez eux, comme chez les Juifs, le fanatisme religieux et la sordidité ne s'opposent pas au sens pratique.

Au temps de Gérard de Nerval, les familles coptes vendaient leurs filles, devant le patriarche ou le cadi, à n'importe quel étranger qui désirait contracter un mariage de quelques jours. Aujourd'hui... aujourd'hui la pudeur anglaise oblige les pères de famille à faire de tels marchés sans cadis ni patriarches.

.·.

N'allez pas, toutefois, vous indigner contre la manière d'être de ces gens qui mêlent la corruption avec le mysticisme. Tels que nous les voyons aujourd'hui, les Coptes incarnent admirablement l'âme et les mœurs de l'antique peuple égyptien. La race qui était parvenue au plus haut degré de culture quand la vieille Grèce vivait encore à l'état sauvage et qui a vu ensuite passer toutes les civilisations humaines devant le sourire impassible de son sphinx, n'a jamais eu une morale identique à la nôtre. Ce qui nous apparaît comme les problèmes les plus sérieux n'est pour eux que simple jeu d'enfants pédants. Dans leur jeunesse, eux aussi, ils édifièrent des temples plus grandioses que tous ceux qui ont été ensuite construits par les hommes dans le reste du monde. Ils luttèrent également contre les nations guerrières et conquirent des territoires immenses. Ils inventèrent les arts, les sciences, les industries. Ils créèrent les premiers dieux. Mais longtemps avant que l'*Ecclésiaste* ne fût écrit, l'idée que tout est vanité des vanités et que le plaisir et la mort sont seuls dignes de nous préoccuper, s'encra d'une façon définitive dans leurs cerveaux. Vivre et rêver, vivre et jouir, vivre et attendre la fin de la vie, voilà le fonds de leur philosophie, de leur morale, de leur religion. Compris comme l'expliquent les pasteurs protestants, le christianisme leur paraîtrait une doctrine de barbares. Ce dont ils ont besoin et ce qu'ils ont mis dans la foi évangélique, la saturant de paganisme et de magie, c'est une source de douces illusions et de consolations faciles qui aident à parcourir le chemin de l'existence, sans éprouver de très grandes terreurs et sans faire trop de douloureux sacrifices. Pour cela, sages entre les sages, ils ont voulu arrêter le cours de l'Évangile quand le livre divin n'apportait encore que des images innocentes et vagues d'infinie bonté et d'universel pardon.

IV

L'UNIVERSITÉ CORANIQUE DU CAIRE

Dans la cour d'El-Azhar. — Milliers de futurs docteurs. — La cosmopolis mystique. — L'enseignement et la discipline. — La science orientale. — Le Coran, pierre angulaire des connaissances. — Les étudiants et les libraires.

En pénétrant dans la vénérable mosquée d'El-Azhar, ce que nous voyons tout d'abord est une infinité de groupes juvéniles qui animent la vaste cour millénaire. Il y a là des gens vêtus de toutes les couleurs, des types de toutes les races d'Orient. Il y a des Indiens aux turbans énormes, des Abyssins aux noirs visages, des Algériens aux burnous rayés, des Persans à grandes lévites étroites, des Syriens aux tuniques claires. Il y en a qui s'immobilisent en postures de fakirs, il y en a qui lisent à haute voix, il y en a qui parlent gravement. Et l'on se dit, en les voyant, qu'ils sont sans doute des croyants accourus des quatre coins de l'Islam pour célébrer quelque fête religieuse.

Mais quand on revient une semaine ou un mois plus tard, et qu'on trouve à nouveau les mêmes êtres dans les mêmes lieux, on comprend que ce ne sont pas des pèlerins qui accomplissent un rite. D'ailleurs, leurs attitudes mêmes, si différentes de celles qu'adoptent les fidèles dans leurs visites aux sanctuaires, le démontrent. Tous sont là, non comme dans la maison d'Allah, mais comme dans leur propre demeure. Cette mosquée, en effet, n'est pas proprement une gamia, mais une medressé, une véritable Université coranique, d'où sortent, après six ans d'étude, pour aller enseigner la bonne doctrine chez tous les peuples musulmans, les docteurs, les théologiens, les imans et les muphtis les plus respectables. Avoir étudié dans cette école, classe les ministres de Mahomet dans une catégorie de privilégiés. Quand, dans une terre musulmane quelconque, un ouléma peut montrer ses livres d'étude avec les inscriptions qui correspondent à nos diplômes universitaires, tout le monde s'incline devant lui. Aussi, il faut voir avec quel enthousiasme les adolescents des contrées les plus éloignées qui se sentent le feu

sacré dans l'âme, s'acheminent vers la docte
demeure, rêvant des rêves d'infinie sagesse.
Grâce aux coutumes et aux traditions mahomé-
tanes, la misère n'est jamais un obstacle pour
celui qui veut apprendre. Non seulement l'enseignement est gratuit, mais avec les fonds du
culte, les cheiks, au lieu d'acheter de l'encens,
achètent du pain et le distribuent tous les jours
aux disciples. La charité publique, la solidarité
religieuse et la sobriété d'Orient se chargent du
reste.

.'.

En visitant les classes et les dortoirs, il est
impossible de ne pas éprouver devant cette
grande modestie, devant cette pauvreté humble,
une profonde admiration. Saint François d'As-
sise aurait baisé sur le front ceux qui comprennent ainsi le renoncement aux biens terrestres.
Ni dans ce que l'on appelle, avec une pompe
quelque peu ironique, la Grande Salle d'Audience de l'Intendant, ni dans les immenses
bibliothèques, ni dans le parloir principal, on
n'observe le moindre luxe. Que dis-je, luxe! Le
mot seul semble une dérision. Une simplicité
qui serait sordide si elle n'était sublime, règne

en toutes parts. Les leçons se font dans la cour ou dans la mosquée même. Il n'y a en cela ni sacrilège, ni manque de respect. Un temple, dans l'Islam, n'est pas un édifice réservé jalousement au culte. C'est la maison de tous. Nous autres, chrétiens, nous sommes souvent surpris de voir, étendus sur les nattes ou les tapis des plus vénérables sanctuaires, les fidèles qui dorment. A n'importe quelle heure et n'importe quel jour, le plus misérable des mahométans a droit de frapper à la porte de la Gamia. L'endroit où l'on prie est, en même temps, le lieu où celui qui est sans abri peut se réfugier. Là, vont ceux qui sont las, là vont ceux qui sont poursuivis, là vont ceux qui souffrent. En son principe, l'islamisme, religion d'idéalité absolue, n'a ni églises, ni prêtres, ni culte. La mosquée est un simple lieu de réunion pour les prières de tous et les communes aspirations. Les muphtis et les imans sont des hommes qui récitent le Coran devant ceux qui ne savent pas lire, mais qui n'ont pas droit à une vénération comparable à celle que nous inspirent nos prêtres. Aucun vêtement particulier ne les distingue. Ils ne jouissent d'aucun privilège. L'influence que chacun d'entre eux peut avoir, est personnelle et ne repose pas sur sa dignité, mais sur ses vertus individuelles et sur sa propre sagesse. Pour les puritains, Mahomet lui-même n'est qu'un croyant comme les autres. « A leurs yeux, dit Houdas, on n'est tenu à l'égard du Prophète à aucun sentiment particulier. Dieu lui donna, c'est certain, une mission spéciale, mais une fois cette mission terminée, il ne fut plus qu'un bon musulman pareil aux autres, et reprit son rang dont il était sorti seulement pour lutter contre les infidèles. »

Dans cette Université d'El-Azhar, au milieu des futurs docteurs coraniques, on remarque la simplicité sans pompe de l'institution religieuse du Prophète. La discipline est fraternelle et douce. Une grande familiarité règne dans le cloître. Tous les étudiants sont frères en Allah. Les vastes salles qui leur servent d'habitation se trouvent séparées, non par catégories mais par nationalités, on peut presque dire par dialectes. Dans la première sont les originaires du Moghreb; dans la seconde, les Syriens; dans la troisième, ceux du pays de Bagdad; dans la quatrième, les Indiens; dans la cinquième, ceux de l'Afrique orientale; dans la sixième, ceux de la Mecque; dans la septième, ceux de la Haute

Égypte; dans la huitième, les Soudanais; dans la neuvième, ceux de la Basse-Égypte; dans la dixième, les hanéfites des différents pays.

Parmi ces jeunes gens qui forment un véritable musée de tous les types d'Orient, il y en a qui sont de familles puissantes et il y en a aussi d'origine misérable. L'on n'observe toutefois aucune différence dans la masse. La natte sur laquelle dort le hautain Arabe d'Assyrie, au visage d'ambre et au regard d'aigle, est pareille à celles qui servent de lit au paria de l'Inde et au nègre d'Éthiopie. Allah, qui aime de la même manière toutes ses créatures, nivèle, par sa morale, les conditions sociales. Le Prophète, de son côté, limite le cercle des connaissances et des ambitions scientifiques, enfermant tout le savoir humain dans les pages du Coran.

***

Il est certain que pour un Européen qui se place au point de vue des progrès réalisés dans le monde, El-Azhar ne présente qu'un spectacle de barbarie. Dix mille élèves et quatre cents professeurs entassés dans un édifice obscur, sans hygiène, sans confort, quel crime! Et si ce qui a rapport à la santé du corps est invraisemblable dans un pays que la blonde Angleterre croit dominer, ce qui concerne l'aliment de l'esprit est plus incroyable encore dans une Université qui se qualifie encore de modèle.

Modèle de quoi ?... De barbarie ?... Le duc d'Harcourt, qui assista une année à la réouverture des cours, décrit ainsi la méthode didactique du grand établissement : « Dans une vaste cour, entourée de portiques, des centaines ou même des milliers de jeunes gens accroupis, par groupes d'une vingtaine chacun, en cercle autour du maître, laissant à peine un étroit passage entre eux, balancent la tête et les épaules sans aucune interruption, en criant leur leçon de toute la force de leurs poumons. Il est impossible de ne pas se demander en voyant tous ces corps se démener machinalement, proférant non moins machinalement des sons, si l'on est bien vraiment en présence d'êtres intelligents. On s'arrête et la pensée se reporte à ces cours du Collège de France ou de la Sorbonne où un public immobile attend dans un silence attentif la parole d'un grand maître. Ici aussi, dans ce tumulte, ce sont des étudiants, mais l'attention, la réflexion leur sont-elles possibles, au milieu de ces classes hurlant à qui mieux mieux des leçons différentes ? Est-ce pour étourdir les élèves et les empêcher de se reposer sur une pensée, qu'on exige d'eux cette perpétuelle agitation du corps semblable à celle des animaux sauvages enfermés dans une cage ? » Je me figure ce qu'un éducateur sérieux, de ceux qui découvrent maintenant une nouvelle méthode chaque jour pour enseigner sans fatigue, penserait de ce système barbare. Mais nous qui ne cherchons pas en Orient les résultats de l'influence européenne et qui nous efforçons au contraire de découvrir la persistance des très anciennes traditions arabes dans leur stagnation impassible, nous éprouvons une bien plus grande joie devant ce spectacle d'une vie millénaire. « Ainsi furent, — nous disons-nous, — ces fameuses universités arabes d'Espagne d'où sortirent, pour étonner le monde par leur savoir, les théologiens et les rhétoriciens dont nous content la vie, dans leurs chroniques, le docte Aboul Ouelid Abdalah Ibn-el-Faradi et son docte continuateur Aboul Kasim Khalaf Ibn Bachknal. » Le mouvement du corps, la perpétuelle clameur, l'espèce d'inconscience dans l'acte de la nutrition spirituelle, datent, en effet, de l'époque la plus lointaine et se perpétuent comme des rites, à travers des évolutions et des révolutions. La monotonie automatique, invariable, infatigable, interminable, correspond à la science qui l'inspire et la conserve. Car ce que l'on apprend maintenant au Caire est la même science que l'on apprenait il y a dix siècles à Cordoue, à Grenade, à Séville, à Bagdad, à Bassorah, à Damas, à Médine : la religion avant tout et après la religion la jurisprudence qui n'est que la connaissance des lois coraniques dans les rapports qu'elles ont avec l'homme, et après la jurisprudence la logique, la rhétorique, la grammaire, les mathématiques et la géographie. « Presque tout cela — disent les voyageurs — un bachelier d'Europe le sait à quinze ans au moment où il se prépare à entreprendre ses véritables études. » C'est possible. Mais les Arabes n'ont pas besoin d'autre chose. Leur science est dans le Coran et dans les traditions qui dérivent du Coran. Les quatre disciples de Mahomet, Oboy ben Kab, Moad ben Djabal, Zeid ben Thabit et Abou Zeid Anzari, entendirent probablement les leçons du Prophète pendant les dix années de la prédication de Médine, comme les milliers de séminaristes de El-Azhar écoutent aujourd'hui les enseignements des cheikhs cairotes. Le droit est dans le Livre Saint ; la grammaire consiste à savoir comment on doit lire le Livre Saint ; la rhétorique est l'imitation de la langue du Livre Saint ; la logique se trouve dans l'argumentation du Livre Saint... S'il existait un texte écrit des mains mêmes de Mahomet, la science suprême consisterait à l'apprendre simplement par cœur. Mais, il s'est produit avec les Écritures musulmanes, la même choses qu'avec nos Évangiles. Les quatre évangélistes Arabes, comme les quatre apôtres Juifs, ne rédigèrent les enseignements reçus que bien après la mort du Maître. Le khalife Omar exigea pour chaque « su-rate », le témoignage concordant de deux témoins, ce qui fit éliminer beaucoup de discours dont un seul disciple se souvenait. Parmi les anciens croyants, le premier texte sacré ne jouissait pas d'un prestige absolu. Les chiites se plaignaient de n'y pas trouver ce qui est relatif à la divinité d'Ali, tandis que Persans et Syriens poursuivaient une très longue polémique sur la manière de comprendre chacune des rédactions existant dans le premier siècle de l'hégire. Pour obtenir un écrit vraiment ca-

nonique, le calife Othman dut ordonner à Zeit
ben Thalit qu'en sa qualité de disciple de Mahomet il réunît tous les corans existants pour en
faire un livre définitif. Quand ce livre fut terminé, les versions antérieures furent brûlées.
Le texte que nous possédons aujourd'hui est
donc celui de Zeii ben Thalit. Mais si les autres
cessèrent d'exister comme Évangiles, beaucoup
de leurs pages se conservent toujours dans les
Traditions. Et les Traditions sont le complément
obligatoire du Coran. Six livres les gardent et
les codifient. Six livres, cela ne nous paraît pas
énorme. Il faut pourtant considérer que les deux
seuls de El Bohari qui sont les derniers contiennent 7.275 traditions. Et tout cela, il faut
l'apprendre. Et il faut aussi apprendre à l'apprendre. Et, de plus, il faut apprendre ce qui,
en soi-même, ne doit pas s'apprendre. Les
Arabes sont des théologiens d'une subtilité terrible. L'œuvre si fameuse de Ibn Salama indique d'une façon méthodique « les passages du
Coran qui se contredisent ou s'abrogent les uns
les autres ». Qu'il y ait des contradictions dans
l'Évangile mahométan ne doit pas nous étonner, nous chrétiens. Dans quelles Saintes Écritures n'y en a-t-il pas ?... Mais il existe aussi

des contradictions dans les traités qui enseignent à étudier les contradictions du Coran..
Et tous ces textes datent, en général, de mille ans.

. .

Pour les Arabes, la science n'a une valeur indiscutable que lorsqu'elle a été consacrée par des douzaines de générations. La grammaire même est pour eux l'éternel commentaire des auteurs du moyen âge. « L'Adjorroumiajya » d'Ibn-Adjorroum, écrit aux débuts du xiv® siècle, est encore à notre époque la base des études linguistiques de l'Islam. Les savants actuels consacrent leurs veilles à y ajouter des commentaires infinis et des gloses interminables ; mais la doctrine est toujours la même. Pourquoi changer si la langue que l'on veut apprendre n'est pas celle que le peuple parle, mais celle que pratiquèrent les rédacteurs du Coran ?... Chaque cité, chaque tribu peut avoir, pour ses relations courantes, un dialecte spécial qui se transforme, vit, palpite. L'idiome littéraire est unique et invariable. Et de même que, dans l'esprit du Coran, est toute la théologie et tout le droit, dans sa forme est toute la rhétorique, toute la grammaire, tout le rythme. Tout le rythme oui, car il ne suffit pas de savoir le comprendre et de savoir le lire. Il faut en outre savoir le psalmodier. Cette perpétuelle répétition à haute voix que le duc d'Harcourt prend pour un signe d'automatisme inutile dans le mode d'enseigner, est, en réalité, une longue leçon de saintes modulations. Les versets du Prophète ne se récitent pas comme un conte du *Kitab Elf Leïla wa Leïla* ou comme un chapitre du *Nozhat el-Dejelis oua Monyat el abid el anis*, mais se chantent d'après une règle savante de suaves inflexions. Si un ancien khalife s'éveillait tout à coup de son éternel sommeil, dans son tourbé incrusté de nacre, à l'heure où les muphtis et les oulémas exécutent leurs mélopées, il croirait entendre les mêmes voix qui le charmèrent pendant sa vie, il y a des siècles. De génération en génération, les rythmes se transmettent, toujours égaux, à l'ombre des portiques toujours propices. Et elle ne constitue pas une des moindres attractions du rituel mahométan cette douce, cette lente, cette éternelle romance qui met une musique de mystère dans les paroles du Maître. Là, dans l'Université d'El-Azhar, où se rencontrent les plus savants docteurs et les rhétoriciens les plus subtils de l'Islam, il y a des voix qui attirent les fidèles depuis les confins de l'Asie et de l'Afrique. Il est vrai que parmi le vacarme des classes, aux heures où les dix mille étudiants convertissent l'immense mosquée en une bruyante volière, les notes, loin de nous séduire, nous choquent et nous déconcertent. Mais quand, au milieu d'un groupe isolé, un cheikh récite seul, devant ses disciples silencieux, une page du Prophète, la singulière psalmodie nous charme avec ses roulades qui montent, qui descendent, qui palpitent et forment dans l'espace comme un murmure d'ailes sacrées.

.².

Depuis longtemps on parle, au Caire, de moderniser cette Université millénaire et d'introduire dans ses programmes de nouvelles matières et dans son enseignement de nouvelles méthodes. Déjà, au temps de Méhémet Ali, grand progressiste qui croyait faire une œuvre transcendantale en changeant les anciennes lampes d'une mosquée pour des lustres fabriqués en Allemagne, on projetait de donner une grande impulsion au vieux séminaire. La seule chose que l'on ait faite cependant est d'introduire l'étude de la géographie qui était auparavant proscrite des classes. Ceci, qui est quelque chose, paraît naturellement beaucoup aux traditionalistes et ne paraît rien aux réformateurs. Les jeunes Égyptiens et les jeunes Syriens qui ont étudié à la Sorbonne et qui écrivent dans les journaux du Caire et de Beyrouth, rêvent de transformer complètement le plan des vénérables enseignements. « Il faut plus de science et moins de rhétorique », disent-ils. Et ils ajoutent : « Au temps de notre splendeur, les mathématiciens, les astronomes et les médecins arabes étaient les plus savants du monde. » A cela les oulémas et les muphtis répondent : « Lorsque nous ouvrirons les portes de nos doctes sanctuaires aux méthodes nouvelles, les ennemis de notre religion pénétreront, avec leurs livres, jusqu'au fond de notre âme. » Le grand problème consiste donc à savoir de quelle façon on pourrait apprendre des choses nouvelles sans oublier les anciennes, et acquérir des notions utiles sans perdre les croyances essentielles. Est-ce possible ?... Certains qui ont vu à Tunis les écoles musulmanes créées par les Français avec un profond respect des traditions, assurent que oui. Un jour ou un autre, quelque cheikh-oul-islam fera la grande réforme. En plus de la géographie, il imposera la physique, la chimie, peut-être l'anatomie. Cela allongera quelque peu les études et les séminaristes, au lieu de passer quatre ou six ans à l'ombre des cloîtres, en emploieront huit ou dix à parfaire leur instruction. Le temps, en Orient, où les heures ne se voient pas marquées sur les horloges, mais s'entendent chanter dans les minarets, a une valeur relativement précaire. La vie n'est-elle pas un songe et la science le songe des songes ? Les étudiants rêveront plus de jours, rêveront plus de choses. Mais qui s'aventurera jamais à supprimer ce qui constitue le fonds même de l'éducation mahométane ? Qui portera une main criminelle sur l'intégrité des connaissances indispensables ?... Qui osera exiler de leur sanctuaire les fantômes ancestraux ?... Ajouter, peut-être. Enlever, jamais. Dans un lustre comme dans un siècle, tant que l'âme de l'Islam n'aura pas changé, le spectacle spirituel d'El-Azhar sera celui d'aujourd'hui, celui d'hier, celui de toujours. Les cheikhs à barbe blanche psalmodieront sans repos les surates coraniques, et expliqueront les cent mille traditions des livres saints, et disserteront sur la valeur des voyelles dans les phrases, et répéteront que le droit est la parole d'Allah appliquée aux relations entre les hommes. Les étudiants auront les mêmes visages prématurément graves et les mêmes manières lentes, courtoises et sérieuses. Parmi le murmure des classes, les pigeons de la mosquée voleront de poutre en poutre, mettant le reflet palpitant de leurs ailes sur les calmes émaux des murs. Le muezzin indiquera avec ses roulades immuables les heures des prières qui interrompent les leçons. Dans les yeux noirs, le même idéal de mysticisme allumera des feux profonds de foi inébranlable. Et vers le soir, quand la savante rumeur s'apaisera sous les nefs de l'immense édifice, les mêmes groupes iront promener par le voisinage leurs insondables nostalgies de sables ou de palmiers lointains, au milieu du tapage de ceux qui vivent une vie vaine, parce qu'ils ne connaissent ni les charmes ineffables de la rhétorique, ni les saints colloques de la théologie.

⁎⁎⁎

En sortant de la docte Medresé, derrière un groupe de séminaristes, nous observons dans les ruelles du quartier, au milieu de petites boutiques que nous avons déjà vues dans beaucoup d'endroits et de marchands plus dignes d'attention, d'autres marchands plus dignes d'attention et d'autres boutiques plus étranges. Ce sont les libraires et les librairies. Mais un libraire, au Caire, n'est pas seulement un homme qui vend des livres. Il est en même temps un bibliophile et un savant. Quand il ne caresse pas voluptueusement, avec ses mains lentes, quelque reliure précieuse ornée d'arabesques dorées, il s'enfonce dans de longues lectures théologiques. Pour obtenir de lui une réponse, il faut avoir peu de hâte. « Je désire — dit l'acheteur — un exemplaire des chants de Aboul-Feradj-el-Isfahani. » Le vendeur termine la page commencée, ferme le volume, enlève ses lunettes, et au bout de quelque minutes commence à chercher.

Seulement, quand il devine dans le client un érudit digne d'être servi, il ne se contente pas de lui donner une édition quelconque de l'œuvre qu'il demande. Une après l'autre, il sort des caisses poudreuses ou des rayons vermoulus les plus antiques et les plus précieux incunables. Il les ouvre. Il montre la date. Il loue les caractères coufiques des titres. Il indique les variantes introduites par les commentateurs. Et si ses yeux fatigués et doux rencontrent une phrase qui célèbre la grandeur d'Allah, il porte la main à sa poitrine et incline respectueusement le buste. Demandez-lui n'importe quelle œuvre, pour aussi rare qu'elle soit. S'il ne l'a pas, il vous indiquera la bibliothèque où vous pourrez la consulter. Demandez-lui les poètes les plus anciens, les conteurs les plus libertins, les chroniqueurs les plus héroïques, les historiographes les plus spéciaux, les grammairiens les plus ésotériques : il connaît tout, il sait tout, il parle de tout. Mais si vous êtes un Européen, ne lui demandez pas le Coran. Sur une planche séparée du reste de sa librairie, il garde par douzaines, par centaines, en éditions misérables et en éditions princières, le Saint Livre. A n'importe quel Arabe qui le visite, il montre ses trésors de littérature prophétique. A n'importe quel Arabe qui s'approche, il offre la Bible de sa religion. Mais à nous, les infidèles, non, ce serait un sacrilège. Dans leurs conseils pratiques, les Bædeker et les Joanne nous préviennent que « ces marchands ne montrent qu'avec répugnance aux étrangers l'ouvrage de Mahomet ».

En réalité, ce n'est pas seulement de la répugnance qu'ils éprouvent. C'est une crainte superstitieuse. Les Corans, au voisinage d'El-Azhar, sont réservés aux savants professeurs et aux élèves dévots de la Medresé. Lorsque, las de disserter sur les systèmes des interprétations religieuses de Habou-Hanifa, Ech-Chafei, Mack et Hanball, les jeunes théologiens abandonnent les cloîtres de leur université et vont se promener entre les ruelles du Mouski, ils ne manquent jamais de pénétrer dans les librairies et de voir pour la millième fois les rares et riches éditions des livres de Bagdad, de Damas, de Stamboul, Et alors le marchand, délaissant ses clients laïques, dédaignant les curieux infidèles, ne voit plus aucun inconvénient à ouvrir, avec des mains dévotes, ses trésors mystiques...

Le quartier tout entier paraît appartenir aux séminaristes de la grande mosquée. Les plus orgueilleux joailliers et les plus frivoles jongleurs comme les plus graves banquiers, tous ceux qui emplissent les carrefours connaissent et vénèrent ceux qui méditent entre les murs de la Sainte-Gamia. Et tous en les voyant passer ont pour eux un salut familier et révérent dans lequel il y a assurément de la dévotion et aussi peut-être de la compassion.

V

L'ART ARABE

Le reliquaire des splendeurs. — L'art arabe et ses secrets. — Les merveilles algébriques. — Antiques palais. — L'écriture sacrée. — Une race artiste sans artistes. — Ce que nous voyons au Musée. — Travaux de Magiciens.

Il y a dans la fameuse « topographie » de Makrissi un inventaire des trésors du calife Mostansé Ben Illah, qui fait rêver comme un conte des mille et une nuits. « Un coffre, dit-il, plein d'émeraudes magnifiques, un collier de perles qui valait quatre-vingt mille dinars; sept Waibab de perles, cadeau de l'émir de la Mecque; douze cents bagues avec des pierres variées; un grand nombre de plats d'or émaillés de couleurs; neuf mille boîtes de différentes formes, en bois précieux, ornées d'or; cent coupes avec le nom du calife Haroun al Raschid; divers coffres avec des encriers de différentes formes, en or, en argent, en santal, en ébène du pays des Quindjes, en ivoire, enrichis de pierreries et tous remarquablement ouvragés; d'autres coffres pleins d'amphores d'or et d'argent, du plus fin; une infinité de vases de faïence de toutes couleurs; beaucoup de tasses d'ambre de Chaldée; une natte d'or de dix-huit coks de poids; vingt-huit plats d'émail d'or; des coffres débordant de miroirs à manches d'émeraudes, de perles et de cornalines; quatre cents grandes cages d'or; différents meubles d'argent et six mille jarres d'or; un grand nombre de couteaux de grand prix; un turban d'une valeur de cent trente mille dinars; un paon avec des yeux de rubis et des plumes d'émail; un coq avec une crête de rubis et un corps de pierreries; une gazelle de perles; une table de sardoine; un palmier d'or et de perles; trente-six mille pièces de cristallerie; une immensité de tapis de toutes nuances, dont mille avec les figures des différentes dynasties; une pièce de soie de Coster, avec un fond bleu brodé d'or. » Et l'inventaire continue ainsi, tout le long des pages, déroulant ses trésors avec une superbe monotonie...

Pourquoi ce catalogue de richesses perdues

revient-il à ma mémoire aujourd'hui, dans ce musée arabe du Caire? Il n'y a ici pourtant ni amoncellement d'émeraudes, ni myriades de bagues, ni volières d'oiseaux enchantés. Les salles, décorées modestement, sont dépourvues de vitrines pleines de joyaux qui pourraient se comparer à ceux du musée des antiquités pharaoniques. Portes de vieilles mosquées, lampes de palais princiers, damasquinages rouillés, faïences brisées, mosaïques incomplètes, meubles antiques, jalousies de fenêtres mauresques, plâtres ajourés, bronzes ciselés, étoffes fanées, voilà ce qui constitue le fonds de la prestigieuse galerie. Les ors et les pierreries ne brillent que par leur absence. Mais la délicatesse, le luxe, le raffinement de l'art arabe sont tels que, même au milieu de matières sans valeur intrinsèque, nous éprouvons la sensation de la richesse la plus fabuleuse. Le moindre carreau de faïence brille comme un bijou. A tous les cimeterres, les rayons du soleil accrochent des étincelles multicolores. Les plus modestes vitraux paraissent, avec leur marqueterie de verres de toutes couleurs, des étalages de gemmes précieuses. Au surplus, chaque inscription nous suggère des images de royales splendeurs. Ce modeste fragment de lin de Misr fut tissé par ordre du calife Al Amin, fils et successeur du grand Haroun al Raschid des contes fantastiques ; cette lampe, couverte d'arabesques et de fleurs, porte le nom du sultan Hassan ; cette dalle de marbre commémore la construction du palais du Khédive Abbas Ier ; ce mirab fut fabriqué d'après les plans du vizir Badr el Gamoli ; cette plaque de cuivre rouge fut posée dans la mosquée de Ib-Touloun par sa majesté Malik el Mansour ; ce chandelier appartenait à l'émir Mohamed ; ce guéridon de sycomore, incrusté de nacre, enfin, fit partie du mobilier intime du sultan Chaaban... Aussi, comment nous soustraire au fétichisme de tant de reliques ? En touchant avec nos doigts vulgaires, légèrement tachés d'encre, les objets que ces glorieux seigneurs caressèrent de leurs mains glorieusement teintes de sang, nous sentons revivre les époques presque fabuleuses de la suprême splendeur arabe. Et, peu à peu, grâce à ces somptueuses évocations, le musée se convertit en alcazar, s'animant des murmures d'autrefois, s'embellissant de trésors merveilleux, se peuplant d'êtres légendaires... Des hautes cassolettes de bronze

L'ART ARABE

monte un arome de divines choses mortes qui ressuscitent.

* *

Ce qui surprend le plus dans l'art arabe est sans doute le contraste inexplicable entre ses effets, infiniment variés, et ses motifs strictement réduits. Hors de deux ou trois combinaisons de lignes qui se mêlent et se répètent sans cesse, les ornementistes « bedaouis » méconnurent toujours l'extraordinaire multiplicité des aspects des objets et des êtres. On n'y découvre nulle part quelque chose qui puisse se comparer à la floraison d'images tendres ou monstrueuses qui font de nos cathédrales gothiques de véritables arches de Noé. Hors des stalactites, rien ne se détache avec force des murs ou des toits. Pas une figure sortant de la pierre, pas une gargouille allongeant son corps aux corniches, pas une trouvaille inspirée directement de la nature. Le sculpteur cisèle les surfaces planes sans creuser beaucoup les bois, les stucs, les marbres, les bronzes : le relief lui suffit. Le peintre est un enlumineur qui ne désire qu'animer d'une façon conventionnelle les ensembles. Et pour mener à bout leurs œuvres,

ces artistes ne demandent rien au modèle vivant tel qu'il existe dans la nature. Ils sont en réalité moins artistes que poètes mathématiciens, rêveurs algébristes. Leur travail est le résultat de combinaisons méditées, de stylisations lentes, de symboles mystiques. Leurs images rappellent à peine la source initiale de toute inspiration, c'est-à-dire la vie même. Que reste-t-il, en effet, des corolles dans les arabesques, des fleurs dans les fleurons, des branches dans les spires? Rien, ou presque. Rien de positif et de réel en tout cas. Ce qui dans son origine lointaine a dû être une allégorie végétale, finit par se changer en une rosace abstraite, en une étoile confuse, en un labyrinthe de lignes superposées. Et pour augmenter la sensation du fantastique, les couleurs changent autant que les formes. Où il y a, dans la nature, des tons francs, des verts, des rouges, des bleus, les Arabes mettent des harmonies de nuances fugaces rehaussées par une perpétuelle débauche d'or. Le professeur Gayet, qui étudie scientifiquement la technique de ces grandes décorations, croit pouvoir la résumer dans le mécanisme de la polygonie.
« La loi générale — dit-il — repose sur ce

principe : la somme des angles déterminés autour d'un point d'intersection de deux ou de plusieurs lignes est toujours égale à quatre angles droits. Pénétrés de cette loi, les algébristes s'efforcèrent de réunir les polygones en diverses formes. Puis, déjà maîtres de leur procédé, ils n'eurent plus qu'à choisir le type initial de leurs compositions, d'après l'impression qu'ils désiraient produire. Le reste ne fut plus qu'un calcul basé sur le polygone complémentaire dérivé. » Et il ajoute : « En cela consiste tout le secret de l'esthétique obtenue au moyen de la polygonie. » Or, peut-on trouver rien de plus simple et de plus mathématique? Les décorateurs, ainsi maîtres d'une clef invariable, n'avaient plus qu'à appliquer patiemment et méthodiquement des canons invariables. Leur art, dans son essence même, se change en métier. Mais ce métier, en ses résultats pratiques, arrive à produire un effet de poésie, de rêve, d'idéal, de vie fantasmagorique et de mysticisme abstrait beaucoup plus intense que celui de n'importe quelle école d'Occident. Car il n'y a pas d'ailes de chérubins, ni de vols de colombes eucharistiques, ni d'ondulations de voiles sacrés qui s'élèvent aussi haut que les sèches et précieuses figures des arabesques...

Comment nous expliquer un tel phénomène? En langage scientifique les savants nous disent : « Par les apparitions et les disparitions des images qui se profilent et s'évanouissent tout à coup dans le réseau des entrelacs jusqu'à nous halluciner. » Nous halluciner, c'est le mot. Tant de délicatesse et tant de fantaisie, tant d'abondance et tant de raffinement, tant de mièvrerie et tant de splendeur, nous font sortir de la vie réelle pour nous précipiter dans un univers de visions idéales. En contemplant ces objets sculptés et émaillés nous ne pensons jamais qu'ils ont pu être faits pour des créatures comme nous. Ce sont des travaux de magiciens pour des personnages de légende.

.·.

Un des motifs les plus variés et les plus fréquents de l'art arabe est l'écriture. Sur les vastes murs des mosquées comme dans les filigranes des bijoux; dans les grillages des moucharabiés, ainsi que dans l'émail des carreaux de faïence, à la surface des mosaïques autant que sur les poignées des yatagans, en tous lieux où le pinceau ou le burin peuvent laisser leurs traces, les admirables lettres coufiques entrelacent les gracieux réseau de leurs lignes. La calligraphie, en terre d'Islam, plus qu'un art, est un rite. « Dans les caractères écrits — disent les Musulmans — se matérialise le verbe d'Allah. » Quand une pensée est belle, quand une sentence est sainte, quand un vers est harmonieux, il faut les conserver par des traits dignes d'être contemplés avec plaisir. Copier rapidement et sans soin un verset du Coran serait commettre un sacrilège. Mais c'est un sacrilège dans lequel aucun Oriental sensé ne tombe. Même pour les communications les plus profanes, un Arabe ou un Turc manie avec respect le vieux « qulaam » effilé. La phrase « c'était écrit » n'est pas une simple et vague formule de résignation. « Mektoub, mektoub », murmurent-ils. Et tous voient, en imagination, dans le livre des secrets humains, les superbes lettres dorées qui règlent par avance les actes du Destin. « La calligraphie —, assure le prince Ali — contient la splendeur de la vérité. » Pour un Mahométan, en effet, les mots ne prennent leur valeur exacte que quand ils sont tracés avec un noble souci. Dans les éloges des grands poètes, après les louanges à leur génie et à leur piété, on lit invariablement : « De plus, il avait une belle écriture. » C'est que personne ne s'explique qu'un être humain puisse écrire mal les choses sublimes de l'amour, de l'héroïsme et de la foi. L'art des « scribes » qui, dans les anciennes civilisations, fut sacré, conserve toujours dans l'Islam son prestige mystique. Tracer avec des scrupules de ciseleur les suprêmes surates prophétiques, unir au moyen de subtiles arabesques les signes saints du nom de Dieu, mettre sur les douceurs d'un fond d'or les lignes bleues et vertes des oraisons rituelles, voilà une volupté qui ne peut se comparer qu'à celle des longues extases du colloque divin. Maintenant même, malgré l'imprimerie, il y a en Orient des milliers d'existences qui se consument dans la copie lente et minutieuse du Coran. Inclinés sur leurs parchemins, les calligraphes paraissent s'absorber dans un travail qui ne se terminera jamais. Presque tous ont de longues barbes blanches et des mains amaigries et exsangues. La plume de roseau entre leurs doigts avance avec une lenteur incroyable. Le tumulte de la vie n'arrive pas jusqu'aux lieux qu'ils occupent. Devant leurs portes le temps arrête ses ailes. Le geste qu'ils exécutent est la continuation d'un mouvement qui commença il y a plus de mille ans et qui, peu à peu, a enveloppé l'art arabe dans un filet brillant et subtil qui embrasse toutes les manifestations esthétiques de la race.

∴

Il y a des historiens qui prétendent que l'Arabe n'est pas artiste. Commentant une phrase célèbre de Ibn Khaldoun sur l'incapacité des « bedaoui » à produire des œuvres parfaites, Gayet écrit : « Cette maxime énoncée par un historien musulman est la définition parfaite de l'inaptitude absolue de l'Arabe à se pénétrer de la plus élémentaire notion d'art. » — Est-ce exact? Mon ignorance ne me permet pas de répondre à une telle question. Je ne sais si ceux qui ont construit ces mosquées, ceux qui ont fabriqué ces étoffes, ceux qui ont ciselé ces joyaux, ceux qui ont enluminé ces manuscrits que j'admire maintenant au Caire sont réellement des Arabes ou si ce sont des Grecs, des Coptes ou des Arméniens. Pour nous, qui n'étudions pas scientifiquement les sources d'où surgissent les œuvres qui nous émeuvent, le problême n'a, après tout, que peu d'importance.

Mais si le « bedaoui » manque du sens créateur, il possède en revanche, au plus haut degré, l'amour du beau. Le Coran lui-même, avec ses imprécations contre les manteaux de soie, ne parvint jamais à réprimer l'enthousiasme des Arabes pour tout ce qui est brillant et raffiné. En Égypte particulièrement, dès qu'ils furent maîtres des grasses terres du Delta, les fils du Prophète se livrèrent à une véritable orgie de luxe. Sans recourir à l'exemple de ces sultans légendaires de contes de fées dont les existences furent pour les hommes du moyen âge le symbole de tous les raffinements et de toutes les magnificences, on peut trouver dans la réalité d'une cour quelconque d'émirs ou de khalifes, des spectacles si merveilleux qu'ils paraissent des inventions de poètes. Il n'y a qu'à feuilleter la « Topographie » de Makrissi, en effet, pour découvrir à l'aube même de la civilisation mahométane du Caire des alcazars enchantés, des fêtes invraisemblables, de fabuleux cortèges.

Voulez-vous voir un jardin? Voici la description que le vieil historiographe cairote fait de l'un d'entre eux, celui de Khomarouyah : « Les terrasses étaient disposées de telle sorte que chacune figurât un verset du Coran combiné avec de capricieux ornements. Chaque tronc d'arbre avait un étui d'or et était entouré de jets d'eau. On ne pouvait faire un pas sans trouver de nouveaux prodiges. Ici, une tour de bois ajouré, pleine d'oiseaux de toutes les espèces, plus loin des statues du souverain et de ses femmes, avec des vêtements de riches tissus brodés de pierreries, ensuite d'immenses cages avec des bêtes sauvages apprivoisées; à côté des cages, un kiosque qui dominait le cours du Nil et le désert. Mais la construction la plus extraordinaire de ces jardins était un étang de cinquante coudées, entouré par une colonnade dont les chapiteaux d'argent massif brillaient à toute heure. Au lieu d'eau, l'étang contenait du mercure, de manière que la nuit, à la lueur de la lune, il brillait dans l'obscurité. »

Voulez-vous maintenant que nous pénétrions dans un palais? Dans le livre du voyageur persan Nassiri Khosraou, nous trouvons un des plus anciens de l'Orient, le premier qui fut construit au Caire, celui du khalife Moez le din Illah. « Il se composait, dit-il, de douze pavillons rectangulaires. Quand on entrait dans l'un d'entre eux, on le trouvait plus beau que le précédent. Chaque pavillon mesurait cent arech carrés à l'exception d'un qui n'en mesurait que soixante. Dans ce dernier, se trouvait un trône qui occupait toute la largeur de la salle : trois de ses côtés étaient d'or et représentaient des scènes de chasse avec des cavaliers qui couraient. Au milieu de ces scènes se détachaient des inscriptions tracées en très beaux caractères. Les tapis et les tentures étaient de satin et de buqualemoun, expressément tissés pour les lieux qu'ils décoraient. Une balustrade d'or entourait le trône, dont la beauté surpassait tout éloge et qui ne pourrait être décrit en détail en un tome entier. » Les autres pavillons étaient également somptueux et chaque fois que Nassiri Khosraou termine la description de l'un d'entre eux avec ses mosaïques de pierres précieuses, avec ses reliefs d'or, avec ses rideaux de merveilleuses étoffes, avec ses meubles sculptés, avec ses lampes ciselées, il s'excuse de ne pouvoir expliquer toute l'admiration qu'il éprouve. « On ne peut dépeindre une telle beauté, » dit-il.

Les khalifes et leurs vizirs n'avaient pas, hors de la guerre et de l'amour, d'autre préoccupation que celle du luxe. Quand un architecte ou un décorateur parvenait à la renommée, les maîtres de Bagdad, de Damas, de Bassorah et du Caire se le disputaient comme un trésor. « Pour diriger les nobles métiers de Tiraz, écrit Makrissi, on choisit toujours un des hauts dignitaires de turban et sabre qui jouit des faveurs spéciales du souverain. Il a une résidence officielle à Damiette, une autre à Tinnis et d'autres dans les divers endroits où l'on fabrique des tissus. C'est un des fonctionnaires les mieux rétribués. Quand ce directeur va au Caire pour porter les étoffes tissées spécialement pour le khalife, comme celle du parasol, celle du badanah, et celle de l'habit des vendredis, on le reçoit avec un grand cérémonial. »

Dans l'île de Tinnis, où les meilleurs ouvriers de l'Orient vivaient séquestrés, on fabriquait, non seulement les plus beaux tissus, mais aussi les parfums les plus enivrants et les plus splendides bijoux. « On m'a assuré, dit le même Nassiri, que l'empereur grec a offert cent cités au sultan en échange de Tinnis et que le sultan n'a point accepté.

« Le désir de posséder l'île qui produit le quazab et le bouqualémoun inspira cette proposition à l'empereur. Le bouqualémoun est une étoffe dont la couleur change suivant les heures du jour. »

D'autres cités étaient célèbres et presque sacrées parce qu'on y fabriquait des joyaux somptueusement exquis; d'autres par leurs meubles incrustés; d'autres par la beauté de leurs carreaux de faïence; d'autres par l'élégance de leurs bronzes ciselés. Quand Tamerlan, après un long siège, parvint à s'emparer de Damas, son premier soin fut d'exiger qu'on lui livrât tous les armuriers pour les mener à Samarkande. La belle cité de Saladin qui n'a plus, depuis lors, des maîtres dignes de continuer la tradition des superbes lames damasquinées, pleure encore cet exode de ses meilleurs ouvriers. Une armure ancienne de la métropole de la Syrie est aujourd'hui un bijou d'une inestimable valeur.

.·.

Malheureusement, ce musée du Caire ne possède ni tissus fantastiques de ceux qui changeaient de couleur avec les heures du jour, ni émaux merveilleux comme ceux du catalogue de Makrissi, ni bijoux dignes de sultanes, ni tapisseries arrachées aux palais de Moez-le-Din-

Illah, ni armes incrustées d'or... De ses seize grandes salles, on pourrait à peine tirer les objets nécessaires pour décorer et meubler un pavillon semblable au plus modeste de ceux que Nassiri Khosraou décrit. Mais tel qu'il est, avec ses lacunes et sa pauvreté, nous ne devrons pas moins le considérer comme un véritable reliquaire, puisqu'il n'existe nulle part une collection d'art arabe qui puisse lui être comparée. Les meubles de bois précieux et les objets de porcelaine sont, ici, particulièrement dignes d'attention. Pour nous consoler de ne voir même pas un lambeau du magique bouqualemoun de Tinnis, nous nous approchons d'une vitrine pleine de faïences diaphanes, dont les nuances varient aussi avec la lumière et qui acquièrent, dans certaines pénombres, des tons d'une délicatesse idéale, tant elles sont légères et presque fluides. Parmi les carreaux de faïence, il y a aussi des pièces admirables qui montrent avec quel amour les artistes du seizième siècle cultivèrent cet art importé de Perse. Il y a des carreaux fleuris, des carreaux ciselés, des carreaux qui montrent de magnifiques caractères coufiques, des carreaux couverts de polygones, des carreaux avec de mystérieux dessins, des

carreaux faits pour convertir l'intérieur des
tourbés en immenses voûtes d'émail, des carreaux avec des coins de paysages célèbres... Il
y a des carreaux de toutes couleurs, les uns
enluminés comme des miniatures, avec des
fleurs, avec des arabesques vertes sur fond
d'or; d'autres tachés capricieusement de rouge,
de bleu, de blanc, de jaune; quelques-uns
divisés d'une façon exquise par des cyprès
presque noirs; et tous si lumineux, si frais, si
neufs d'aspect qu'on dirait qu'ils viennent de
sortir du four.

Il y a aussi des amphores et des vases, des
plats et des lampes, des modèles de brûle-parfums
et des fragments de magnifiques atauriques; de
sveltes pots d'argile et de riches jarres, des plaques
commémoratives et des disques héraldiques.

En objets de bois ajouré, le musée est aussi
riche qu'en porcelaine. Les plus belles moucharabiés, arrachées, Allah sait à quels balcons de
harems princiers, sont là nous plongeant dans
la stupéfaction par la délicatesse mystérieuse de
leurs dentelleries. Derrière chacune d'entre elles,
nous nous figurons découvrir le visage d'une
captive d'amour. Dans leurs fins réseaux de sycomore ou d'acacia, nous essayons de déchiffrer

les inscriptions saintes que les artistes du moyen âge se plaisaient à cacher dans des arabesques entrelacées. Les guéridons hexagonaux, indispensables dans toutes les pièces arabes, se voient dans tous les coins. De hautes portes des mosquées et des alcazars s'adossent contre les murs. Les grilles de harem, à travers lesquelles la lumière filtre en étoiles capricieuses, s'alignent devant les fenêtres. Dans les corridors, on découvre des niches ogivales qui servaient, dans les antiques sanctuaires, à indiquer la direction de La Mecque. Et tout est couvert de reliefs dorés, d'incrustations d'ivoire et de nacre, de mosaïques de matières précieuses, d'inscriptions d'argent, de cuivre, d'émail. Et tout nous parle d'adorations et de splendeurs lointaines, avec ces lettres compliquées qui mêlent éternellement le nom de Dieu miséricordieux au nom des khalifes et des vizirs.

Les lampes aussi sont abondantes en ces salles : lampes tombales avec leurs réservoirs encore tachés d'huile ; lampes de sérail transparentes et délicates ; lampes de mosquée soutenues par d'innombrables chaînettes ; lampes de palais royaux, lourdes et exquises à la fois avec leurs panses de verres translucides et leurs cols d'amphores; lampes d'alcôve, fines comme des joyaux et tellement couvertes d'incrustations multicolores, que leur lumière, en tombant sur les divans voluptueux, devait paraître une pluie de pierreries.

* *

Mais, à quoi bon continuer cette énumération?... Pour parler comme il conviendrait de tant de reliques, il serait nécessaire de les décrire une à une, en mettant en valeur leurs filigranes, leurs nuances, leurs formes longuement méditées, leurs ornements exquis, leur luxe incroyable de détails minutieux. Appliquée à l'art arabe, la phrase de Buffon, d'après laquelle le génie n'est qu'une longue patience, paraît particulièrement juste. Quelques-unes de ces pièces ont consommé l'existence entière d'un artiste qui n'eut jamais ni hâtes, ni fièvres, ni ambitions. Même les objets les plus vulgaires, les plats, les bouteilles, les pots, ce qui n'est pour les civilisations modernes que des choses usuelles et uniformes, faites pour que l'on se serve d'elles et non pour qu'on les admire, aux époques de grande culture arabe, devenaient des joyaux véritables par leur invraisemblable luxe d'ornementation. Voici un verre qui faisait sans doute partie de la vaisselle de quelque riche maison : qui oserait aujourd'hui le toucher sans un soin superstitieux ? Voici un guéridon de marqueterie sur lequel les plats de cuivre ont laissé leurs traces familières : oserions-nous mettre seulement la main sur ses incrustations ?...

En réalité, cela n'est pas fait pour nous, pour notre existence et pour notre grossièreté. Il faut une humanité plus fine et plus rythmique au milieu de tant de délicatesse. Chacun de nos mouvements serait dangereux pour ces tabourets de sélamlik, pour ces dentelles des jalousies, pour ces transparences des portes grillées. Notre présence seule est déjà une offense pour un tel raffinement. Oh ! les Anglaises à cache-poussière et à parasol qui passent au milieu des verreries et des émaux, marchant comme des automates ! Chacun de leurs pas m'inspire de la peur et de l'horreur. Pour ne pas les voir davantage, je ferme les yeux.

Et alors, dans l'hallucination des images contemplées pendant des heures et des heures, les êtres fantastiques des vieilles légendes orientales apparaissent dans les portes de bronze et viennent, lents et graves, prendre possession de ce palais enchanté...

VI

LES FEMMES

Le mystère insondable des âmes. — Témoignages contradictoires. — L'adoration des poètes. — Les sultanes d'amour. — La vie du harem. — Artifices de beauté. — Femmes de douze ans. — La jalousie. — Le caractère romanesque et les aventures galantes.

Il y a un demi-siècle, Gérard de Nerval put écrire sur les femmes du Caire un livre entier plein d'aventures, de portraits et d'anecdotes personnelles. Ce qu'il y a de véridique dans cette œuvre, nul ne peut le savoir. Ce que nous savons bien tous, quand nous avons voyagé en Orient, c'est qu'à notre époque, malgré ce qu'on peut dire de l'européanisation des Arabes et des Turcs des grandes cités, la vie des dames voilées continue d'être, pour les infidèles, un mystère insondable. Qu'à Constantinople, à Damas et au Caire, quelques heureux roumis soient parvenus à conquérir des cœurs de musulmanes, soit! Déjà, les vieilles chansons espagnoles nous content les amours des Fatimas et des Zuleimas qui se laissèrent séduire par de galants chrétiens. Mais ces cas isolés, beaucoup plus rares que le prétendent les secrétaires d'ambassade qui reviennent de Turquie, ne prouvent rien. Les voluptueuses Orientales peuvent, par caprice ou passion, ouvrir leurs bras à un giaour détesté; quant à ouvrir leurs âmes à l'analyse étrangère, jamais! Les confidences féminines, elles-mêmes, ne nous laissent dans l'esprit que des impressions contradictoires sur les véritables dispositions d'esprit et la sentimentalité réelle des habitantes des harems. Nous connaissons tous, en effet, les *Mémoires de la princesse d'Oman*, qui ont tant intéressé Oscar Wilde. Si nous voulions les accepter pour un livre véridique, nous devrions avouer qu'il n'y a pas de femmes plus heureuses, plus gaies, plus simples, plus intelligentes que les arabes. « Si les Européens avaient eu des occasions plus favorables d'observer la bonne humeur et jusqu'à l'exubérante animation de nos femmes, — dit-elle, — ils ne tarderaient pas à se convaincre de la fausseté de toutes les histoires qui courent sur l'existence

dégradée, opprimée et sans objet des Orientales. »
Mais voici, ensuite, une autre princesse, qui
porte aussi un nom respecté en Orient, la célèbre Mirza Riza Kahn. « Par mon voile noir —
dit-elle — je suis séparée de tout et de tous, et
je vois tout dans de tristes lointains, comme à
travers un tulle de deuil. Voir à travers un voile
noir, c'est voir à travers des larmes. Tu trouveras des tcharchafs rouges, bleus, jaunes ou
verts; mais toujours le voile noir sera sur le
visage comme une tache funèbre dans cette fête
de mille couleurs. » Comment concilier cette navrante confession avec les confidences joyeuses
de la princesse d'Oman? Laissons cependant ce
qui a rapport aux âmes, et voyons ce que les
autres femmes pensent de l'intelligence des
Orientales.

Écoutons Mme Bibesco, qui a vécu en Turquie,
en Syrie, en Perse, en Égypte, et qui, par sa
situation et son caractère, a pu étudier de près
l'existence du harem. En contemplant les favorites d'un vizir, qui l'ont invitée à une fête, elle
pense à toutes les musulmanes qu'elle a connues
avant, et dit : « Le secret de leurs âmes bornées
m'apparaît dans leurs yeux insondables, et je
sens ma pensée s'arrêter dans le vide de leurs

regards avec un vertige pareil à celui que l'on éprouve en examinant les yeux d'un animal. » Recourons ensuite à une autre Française illustre, la femme du traducteur des *Mille et Une Nuits*, M⁻ᵉ Lucie Delarue-Mardrus. Elle est, sinon de naissance, au moins d'adoption, une vraie sœur de Schaharazade. Demandez-lui ce qu'elle pense des Orientales, et elle vous répondra : « Ce sont les femmes les plus intelligentes, les plus modestes, les plus amoureuses et les plus belles de l'univers. » Et maintenant, comment trouver un peu de clarté au milieu de ces opinions vagues et contradictoires? Les lointaines hanums sont-elles de purs animaux aux beaux yeux, ou des créatures délicieuses au point de vue moral et intellectuel? Sont-elles heureuses, sont-elles gaies, sont-elles exubérantes ou infortunées, silencieuses et pleurnichantes?... (1).

(1) Cette impossibilité de connaître la femme d'Orient, le poète Akhmet Khikmet l'exprime avec mélancolie dans une interview du *Temps*.
Il dit : « Je ne vis ma fiancée qu'une fois, de loin et voilée, lorsqu'elle entra avec sa mère dans un magasin. Je l'aimai à première vue, et, pour abréger mon attente, j'allai aussitôt acheter une poupée qui lui ressemblait. Seulement, j'avais une idée si vague de celle qui devait être ma femme, que je choisis une poupée blonde, tandis

Il est certain que demander cela d'une façon générale et absolue serait aussi absurde que d'essayer de savoir si les Européennes sont belles et bonnes, ou méchantes et laides. En Orient comme en Occident, il y a de tout. Mais, ce que nous cherchons à connaître, lorsqu'il s'agit des femmes d'Islam, c'est si l'éducation et la vie de harem, si distinctes de la vie et de l'éducation du foyer chrétien, sont, ainsi qu'on

que je constatai plus tard que ma fiancée était une brunette.

« Il va sans dire que, jusqu'au jour de mes noces, je n'eus pas la possibilité d'échanger une seule parole avec elle. Nous restâmes dans une ignorance absolue l'un de l'autre.

« Le plus piquant de l'affaire, c'est que, pendant que je faisais mes études à Galata-Seraï, nous formâmes, plusieurs camarades et moi, un cercle amical, dont tous les membres prirent l'engagement d'affranchir leurs femmes dès qu'ils se marieraient. Tous, nous avons convolé, mais pas un n'a tenu sa promesse ; nous avons fait comme les autres... je n'ai jamais vu les femmes de mes amis et je ne les ai jamais présentés à la mienne.

— Alors c'est, comme dans le passé : une vie de harem ?

—. Oui, une vie de harem, avoua Akhmet-Khikmet bey d'un ton de regret... Vous comprenez combien cet état de choses est fâcheux pour moi et nuit à ma création le croit dans nos pays, des éléments déterminant une infériorité générale et une générale infortune. « Sont-elles moins intelligentes et moins heureuses que nos femmes, ces dames voilées et cloîtrées? » demandons-nous.

Et après avoir entendu ceux qui paraissent les plus autorisés pour résoudre le problème, nous devons avouer que, malgré toutes les œuvres récentes sur l'Islam, le mystère de l'âme féminine orientale continue d'être impénétrable.

***

Reconnaissons, en tout cas, que si les Arabes ne parviennent pas à rendre leurs femmes heu-

---

littéraire… Je fais parler et agir des femmes, et je n'en connais pas.

« J'ai déjà décrit ma mère, ma belle-mère, ma femme et mes sœurs, et je n'ai plus de modèle — je ne vois pas d'autres femmes.

« Pour la même raison, nos poètes chantent invariablement dans leurs vers des esclaves ou des Européennes qu'ils affublent d'un tcharchaf. C'est la mort de la littérature nationale. Cela lui enlève la beauté, le parfum, la sincérité.

« Puis, je dois l'avouer, la privation de toute société féminine nous appauvrit intellectuellement. Nous sommes étreints d'une vague angoisse, nous ressentons un vide, il nous manque toujours quelque chose. La privation de société féminine projette une ombre sur nos écrits, tarit la source même de notre poésie. »

reuses, ce n'est pas faute d'amour, d'enthousiasme ou de tendresse. Il n'y a pas dans le monde, d'amants plus galants que les Orientaux. Toute la poésie de l'Orient est un madrigal. Depuis Mahomet, qui déclare dans sa bible qu'après la prière rien ne lui est plus agréable que les fleurs et les femmes, jusqu'à Fazil Bey, qui glorifie en d'ardents transports les grâces intimes du beau sexe, il n'est pas un lyrique de l'Islam qui ne tienne à se montrer fougueux adorateur du charme féminin. L'on découvre même quelque chose de si dévotieux et de si passionné dans l'amour de ces farouches galants que l'on ne s'explique pas que la légende en fasse des despotes d'amour, incapables de douces condescendances. « Tyrannise, puisque la beauté t'a comblé de ses dons, — dit Ebn el Farid, — mon sort t'appartient; dispose de moi suivant ton caprice; tu es ma souveraine; si le malheur doit être le prix de ton amour, je consens à être une victime; je ne demande qu'une chose, c'est que tu n'exiges pas de moi que ma vie cesse de dépendre de toi; ma passion ne sait qu'implorer; je suis ton esclave; tu es ma reine; je le proclame à haute voix comme une gloire; mourir pour toi doit être une volupté délicieuse; je suis ton esclave; jamais je n'ai pensé à m'affranchir, et si tu me donnais la liberté, je la repousserais. Un autre poète, Ebn Maatouk, dit à sa bien-aimée : « C'est sans doute à force de me blesser que tes yeux sont devenus ce qu'ils sont; les cordes qui lient mon amour sont les tresses de ta chevelure, et je n'ai voulu les défaire que pour m'envelopper dans l'onde de leurs liens dénoués; pourquoi mes joues sont-elles toujours couvertes de larmes, pendant que sur les tiennes brillent des flammes couleur de rose? » Un autre poète, le sultan Ebn el Ahmar, va jusqu'à écrire à sa favorite : « O ma reine! ton culte a supprimé dans mon foyer toutes mes autres dévotions. » Et un autre poète en arrive à blasphémer le saint nom d'Allah en s'écriant : « Je me compte au nombre de ceux qui perdent la foi s'ils aiment; et ceux qui ne la perdent pas, c'est parce que, auparavant, ils étaient athées. » Mais pourquoi continuer à recueillir ces sanglots d'ardeur et d'humilité? Toutes les pages de la littérature de Perse, d'Arabie, de Turquie, nous démontrent qu'il n'y a pas d'amants plus fervents que les Orientaux.

Pour chaque charme de la femme adorée, ils ont des enthousiasmes et des exaltations d'un mysticisme fébrile. Chaque souvenir d'amour inonde leur visage de larmes. Le moindre dédain les abat et la plus légère trahison les affole. Saadi lui-même, qui est le moins érotique des chantres asiatiques, dit que « par tous les pays du monde où la Sultane d'amour a passé, les hommes ont perdu la raison ». Et les Orientales, si elles naissent belles, sont toujours des sultanes d'amour. Il importe peu qu'elles appartiennent à des familles d'esclaves. La beauté, comme l'héroïsme, nivèle les castes (1). Quand un mameluck ou un janissaire arrivait, en d'autres temps, à se distinguer à la guerre, nul ne se souvenait de son humble origine et les portes les plus hautes des konaks s'ouvraient devant ses pas victorieux. Aujourd'hui, l'époque des aventures romanesques des beaux aventuriers militaires a disparu presque complètement, au moins en Égypte. Mais l'ère des légendes galantes dure

(1) « En Orient — dit Gobineau — les femmes ne sont ni en haut, ni en bas d'une échelle sociale quelconque; elles peuvent tout faire, elles sont femmes ou impératrices ou servantes, et restent femmes, ce qui leur permet de tout dire, de tout faire, et de n'avoir aucune responsabilité de leurs pensées ou de leurs actes devant la raison et l'équité; elles comptent uniquement avec la passion qui, à son gré, les ravale, les tue ou les couronne. »

toujours. Une fillette quelconque qui entre dans un harem achetée comme un jouet, parvient, si elle sait imposer l'ascendant de sa grâce et de sa volupté, à obtenir le sultanat d'amour. Entre celles qui sont filles d'orgueilleux pachas et celles qui sortent du bas-fond de la plèbe, il n'y a jamais de différences choquantes. Une Madame Sans-Gêne serait ici incompréhensible. Comme l'élégance et la distinction des femmes de ces contrées sont un produit mille fois plus artificiel que celles des Parisiennes, il suffit que le maître soit riche pour que la favorite arrive rapidement à se rendre digne de toutes les admirations.

.

Le *chic* chez l'Orientale est passif. Les mains savantes des négresses la fardent, la dorent, la coiffent, la parfument, la polissent, l'émaillent, la frisent, la vêtent. Si Mlle Lina Cavallieri connaissait les secrets de toilette d'une houri du Caire ou de Stamboul, elle rougirait de la pauvreté de ses recettes esthétiques. Le seul chapitre des ablutions féminines est si compliqué, que beaucoup des hérésies religieuses de l'Islam ont été provoquées par son interprétation. Chaque acte d'amour requiert de scrupuleuses purifications.

Depuis le « goussi » ou bain complet, jusqu'à l' « abdest » qui n'est qu'un simulacre de propreté, les eaux obligatoires suffisent pour maintenir le corps dans une perpétuelle fraîcheur aromatique.

En une nuit, le Caire ou Stamboul consomme plus de parfums que Paris en une semaine. Les « hanoum » vivent au milieu de vapeurs enivrantes. Quand une d'elles passe dans la rue en faisant harmonieusement onduler sa taille sous les voiles noirs, elle laisse toujours un sillage de capiteuses essences. Les lieux d'élection du papotage féminin sont les hammams, et les hammams sont des alcazars de parfums. Longtemps la dame s'abandonne aux tièdes caresses de l'eau. Une fois le bain terminé, la toilette commence. Languissamment étendue sur un divan, elle livre son corps blanc aux arts des « tellaks » qui, avec des mains de velours, polissent et repolissent l'épiderme satiné, au son d'une flûte lointaine ou d'un luth invisible. Il y a toute une liturgie pour ces actes sacrés. Les parfumeuses, les coiffeuses, les manicures et les habilleuses ont des gestes d'officiantes. Chaque détail, si infime soit-il, requiert une science extrême. La nacre d'un ongle, le carmin d'un sein, le henné d'une main, le jais d'une mouche, le massage d'une courbe, tout garde son rythme, son secret, son importance séculaire et religieuse. Mais par-dessus tout, ce sont les yeux et les lèvres qui réclament des délicatesses et des soins infiniment compliqués. Oh! ces pinceaux lents qui passent et repassent sur le visage, tamisant les lueurs des pupilles, suavisant les ombres des cernes, alanguissant l'expression du regard! Oh! ces doigts subtils qui allongent les cils, qui dessinent les bords des paupières, qui allongent les lignes des sourcils! Et ces doigts tachés de rouge, qui massent doucement les lèvres et accentuent les commissures, donnant, en plus de la couleur, l'expression et le sourire! Un boudoir oriental est un véritable musée de fards et d'essences. Les flacons taillés, les pots criblés de mystérieuses inscriptions, les boîtes rehaussées de riches arabesques d'or, tous les objets qui scintillent dans les armoires, dans les « korssis », dans les « souffé », dans les guéridons, contiennent quelque panacée de beauté. Les hautes urnes de cristal gardent les eaux de rose, de jasmin, de fleur d'oranger; les minuscules flacons d'argent enferment des aromes venus de Perse et d'Arabie, des musc luxurieux et violents, des ambres enivrants, de vaporeuses violettes et des santals calmants ; les vases taillés qui brillent comme d'immenses topazes, sont pleins d'huiles de Bagdad ; dans les petites tasses d'émail se trouvent les collyres, les onguents, les pommades, les crèmes de savon de Tyr et de l'Inde; dans les bonbonnières transparentes, on voit les poudres de mille nuances, les carmins des joues, les roses des seins, la pourpre des lèvres, les khôls des paupières, les hennés de la chevelure. Et ce n'est pas tout. Voyez-vous les pastilles grises qui s'entassent sur ce plateau de cuivre? Ceux qui les vendent dans les bazars assurent qu'elles donnent aux baisers une diabolique saveur... Voyez-vous ces petites baguettes blanches qui semblent de vulgaires cure-dents? Ce sont des brins précieux d'un arbuste de Babylone, qui parfument l'haleine... Voyez-vous ces boules de résine verdâtre ? Ce sont des capsules de gomme de Céos, qui prêtent aux gencives un ton de corail... Mais il y a mieux encore. Il y a des pâtes pour épiler le corps qui doit être toujours net de toute ombre capillaire, comme ceux des Vénus insexuées; il y a des émaux pour les paumes des mains; il y a enfin, très occultes, très gardées, des substances secrètes pour enflammer les désirs amoureux... Et tout cela est d'un emploi quotidien, plus que quotidien, constant. Pour remplir le vide de ses jours solitaires et pour préparer ses nuits de luxure, la sultane recourt fréquemment aux ressources de sa toilette. Tout dans son éclat, dans sa langueur, dans sa grâce a quelque chose d'artificiel. Et à l'artifice de son corps correspond celui de son âme.

*

Élevée, non pour être esclave, comme croient quelques Occidentaux, mais pour être sultane d'amour, l'Orientale se plie à une étiquette d'insidieuses mollesses devant lesquelles la dure volonté du maître se fond en idolâtrie. Sa voix est soumise à des modulations apprises. Ses attitudes sont étudiées; ses gestes obéissent à une règle invariable. Dans les grands harems existent de véritables écoles pour donner aux nouvelles épouses une éducation uniforme. Un auteur turc, décrivant le sérail du sultan actuel, dit : « Les jolies vierges doivent, quand elles entrent, abandonner pour toujours leurs familles. Rien ne subsiste en elles de leur passé, elles perdent jusqu'à leurs noms pour les remplacer par des noms plus poétiques, comme Hayaii (qui signifie celle qui donne la vie), ou Safayi (qui dispense le plaisir), ou Nourous Saba (l'aurore), ou Goulbahar (rose printanière). Les novices reçoivent, pendant deux ans, une éducation *sui generis*. La bachcalfa, ou grande-maîtresse des cérémonies, est la directrice de cette école de séductions dans laquelle on enseigne l'art du doux langage, la danse, le chant, la grâce des attitudes, la voluptueuse mollesse, la douceur des caresses et, en un mot, toute la science de plaire et d'aimer. »

Dans d'autres harems, plus modestes, l'enseignement est moins solennel, peut-être aussi moins long : mais pourtant, les méthodes pour former la parfaite sultane d'amour sont analogues. Dès leur naissance, les Orientales reçoivent, dans le sein même de leur famille, les notions de la grande sagesse. Ces « désenchantées » de Stamboul, dont parle Pierre Loti, et d'autres que les voyageurs découvrent au Caire, à Tunis, à Smyrne, ne sont que des fleurs exotiques, déracinées de l'Islam par le détestable contact de l'influence européenne. Heureusement, l'Islam est très vaste, et avant que les robes de la rue de la Paix et les romans de Paul Bourget soient arrivés jusqu'à Damas, jusqu'à Bassorah, jusqu'à Bagdad, il se coulera encore beaucoup d'eau sous les ponts du Baradâ...

.•.

Ici même, dans la capitale de l'Égypte modernisée, il reste encore, non à titre de rares exemples, mais faisant partie du fond immuable de la ville, d'innombrables harems à l'antique. Les pachas et les beys pourraient ne pas avoir beaucoup d'épouses. Il n'importe. Une seule, entourée de ses serviteurs et de ses duègnes, perpétuerait dans chaque palais les traditions du foyer musulman. Ce n'est affaire ni de peuple ni de race. Dans n'importe quelle maison princière, on trouve des créatures de pays différents, de types opposés, d'âmes diverses. Les lois coraniques suffisent pour faire de toutes une seule famille. Mahomet, d'après les historiens, tira la femme de l'état d'esclavage dans lequel la maintenaient les Arabes antérieurs à l'hégire, et alla jusqu'à lui ouvrir, comme don suprême, les portes du Paradis. Aujourd'hui, une musulmane peut hériter, administrer sa fortune, divorcer, vivre seule et libre. La loi, en un certain sens, la protège mieux contre la tyrannie des hommes que les chrétiennes d'Europe. Et les hommes, de leur côté, n'éprouvent aucun dédain pour leurs compagnes. Croire qu'une femme est pour un mahométan un être inférieur, une bête à plaisir, comme on dit, n'indique qu'une grande ignorance des mœurs orientales. Le contraire est plus près de la vérité. Nous n'avons pas idée, en effet, de la douceur quelque peu paternelle, cérémonieuse, timide même, avec laquelle un Arabe bien élevé traite ses femmes. Quand il parle d'elles, c'est toujours avec réserve et, en général, sans même prononcer leurs noms. On en voit peu célébrer dans des poèmes une dame déterminée. Au lieu de dire Zaïra, ou Leïla ou Fatima, ils se contentent d'écrire « elle ». Ce voile de l'anonymat, qui correspond au voile du tcharchaf et au voile des jalousies, constitue un perpétuel hommage. La conception de la pureté est telle, en Orient, que la moindre familiarité paraît capable de la souiller. Contemplez avec quelque insistance une femme voilée dans les rues du Caire, et vous verrez combien votre conduite choque. Les Arabes, même dominés par le désir, ont dans le regard des délicatesses que nous ignorons. Leurs galanteries sont toujours respectueusement fleuries et impersonnelles.

Souvenez-vous que Mahomet, lorsqu'il se trouva devant Zaïnab et sentit naître en son âme le plus grand de ses amours, ne lui adressa pas une déclaration, mais lui dit en portant ses mains à sa poitrine : « Que Dieu est grand qui change les cœurs ! » Le même prophète, entendant un jour murmurer que sa favorite Aïscha avait été trouvée dans le désert en compagnie de Safouan, ordonna que celui qui lancerait une accusation contre l'honneur d'une femme et ne pourrait prouver par le témoignage de quatre personnes la vérité de ses paroles, serait condamné à recevoir quatre-vingts coups de fouet. Aujourd'hui, quoique le fouet ne soit plus en usage, du moins au Caire, il est bien rare d'entendre un musulman se faire l'écho de médisances contre les femmes.

Les calomnies qui divertissent les chrétiens d'Europe indignent les mahométans. Et il ne suffit pas de dire que ces hommes pourraient nous donner des leçons de discrète élégance amoureuse. Il faut reconnaître, de plus, que notre galante courtoisie, nous la leur devons. Écoutez Pierre Louis : « Beaucoup des qualités dont nous tirons le plus de vanité — dit-il — nous viennent de l'influence durable des Sarrasins vaincus par les chrétiens. Ainsi, il est indubitable que, en particulier, le mot galanterie, presque intraduisible dans les langues germaniques, exprime une nuance de sentiments qui est purement française et espagnole, et cela vient de ce que les deux grands peuples à l'Occident du Rhin furent, quand ils étaient encore presque barbares, en contact avec la resplendissante civilisation arabe. » Vous l'avez entendu.

Et ce que nous prenons bien souvent chez les musulmans pour un signe de dur despotisme masculin, n'est qu'excès de sollicitude indulgente pour un sexe, qui, dans les pays orientaux, est encore plus faible que dans le reste du monde, à cause de sa précoce floraison amoureuse.

.˙.

Nous ne devons pas oublier, en effet, que ce qui, pour l'Arabe, est une femme, serait pour nous une enfant. A douze ans, les belles voilées, déjà nubiles, se marient, et, à vingt ans, sont fanées. Les Leïlas, les Maïmas et les Zaïras chantées par les poètes sont toujours des créatures de charmes puérils.

Depuis Imr el Kaïs, qui vécut avant l'hégire, jusqu'à Hassan Housny, qui est notre contemporain, tous les poètes ont peint de la même manière l'idéale bien aimée. Son corps fragile fait penser à la tige d'une plante, et ses yeux ressemblent à ceux des gazelles. Voyez ce portrait qui date de quinze siècles : « Son buste est enchanteur; son regard est timide comme celui d'une gazelle de Ouagra; sa poitrine est aussi comme celle d'une gazelle, mais deux joyaux en rehaussent la valeur. Ses cheveux, très noirs, tombent sur son épaule; les régimes de dattes sur les palmiers ne sont pas plus abondants; ses cheveux bouclent, et dans leurs tresses flottantes disparaissent les peignes; sa taille est mince et ronde comme une corde; ses jambes sont sveltes comme les joncs qui baignent dans l'eau; elle se lève tard et de sa bouche s'exhale un arome enivrant; elle se lève tard, parce qu'elle n'a rien à faire; les doigts de ses mains sont délicats; son teint est de la couleur du premier œuf d'une autruche qui n'a jamais bu que dans une fontaine immaculée; son teint est d'une blancheur ambrée, à elle va l'admiration de l'homme sage, lorsqu'elle passe flanquée de deux gardiennes. » Cet idéal de beauté à peine formée, avec ses timidités d'expression et ses sortilèges de candeur, se conserve à travers les âges, invariablement. Les quinze avrils de Juliette qui nous surprennent comme une aurore trop matinale, paraissent aux Arabes le commencement d'un déclin. L'épouse parfaite doit arriver au harem à douze ans, à quatorze au plus. Comment serions-nous surpris de ce que l'âme des maris soit toujours protectrice, autoritaire et paternelle? Pourquoi nous étonnerions-nous que les amants n'aient jamais une confiance absolue en leurs précoces amantes? Les duègnes sévères qui escortent les houris sont, parfois, de véritables bonnes d'enfant. Car, si le corps, dans le pays où le soleil mûrit prématurément les fruits et les seins, est formé au bout de deux lustres, l'âme reste enfantine.

Les orientalistes observent, avec raison, que les images de l'amour ont sur les lèvres des Arabes une saveur ingénue d'extrême adolescence. Tout est miel; tout est fleurs; tout est petits oiseaux. Dans leurs passions mêmes et jusque dans leurs perversités, il y a quelque chose d'inconscient. Manquant de jugement, elles vivent à la merci des surprises. Un regard qui les caresse ou une phrase qui les flatte suffisent à troubler leurs cœurs, anxieux d'aventures. C'est pour cela que leurs maîtres les cachent, qu'ils les voilent, qu'ils les surveillent.

« La jalousie, a-t-on dit, est la lèpre de l'amour oriental. »

Mais la jalousie, quand il s'agit de garder des êtres semblables, s'explique. L'époux sachant qu'il n'a pas été l'élu, qu'il a été presque un acheteur, arrive à craindre son ombre. « Ah! mon âme, — s'écrie Kouchaghin, — je sens parfois bouillonner en moi une colère terrible contre moi-même! Je souffre de tout regard qui se pose sur elle. Oh! comme je désirerais pouvoir fermer à jamais les yeux qui la voient! »

Ne pouvant aveugler tous les rivaux, les maris se contentent de cacher leurs femmes. Un harem est une prison. En principe, l'adultère devrait être impossible dans les pays de l'Islam. En pratique, il ne l'est pas. Sans recourir aux contes des Boccaces mahométans, toujours pleins de fantastiques aventures de sultanes infidèles, il suffit de feuilleter un florilège de poésies lyriques pour entendre les cris très réels et très humains des amants trompés. « O bocages des rives du Bosphore, — dit un bey ironique, — ô pénombres de Prinkipo la fortunée, de la gracieuse Halki, que vous pourriez nous conter d'histoires si vous manquiez de discrétion ! Il n'existe pas un cyprès qui n'ait été le confident d'une idylle coupable !. » Les difficultés mêmes qui s'opposent aux caprices galants augmentent l'audace et l'ingéniosité des belles adultères. Les confidences de la princesse Mirza-Riza-Kahn sont, sur ce point, d'une franchise rare en Orient. Parlant des promenades aux cimetières et aux bazars, elle dit : « L'atmosphère y est saturée de désirs d'aventures; l'inquiétude des rencontres flotte dans l'air. Partout des regards discrets qui cherchent, des yeux qui désirent, qui appellent. Point de paroles, ni de rire; seuls, les éventails et les fleurs ont un langage. Une promesse secrète s'exprime au moyen d'une fleur. Quand un éventail frappe un gant blanc, cela veut dire : « Beaucoup d'obstacles nous séparent. » Une rose rouge dans le pli d'un voile signifie : « Je t'aime à la folie. » Des œillets blancs jurent d'attendre. A cela s'ajoute l'éloquence des pupilles qui promettent d'aimer jusqu'à la mort, en dépit de tous les obstacles. » Chez l'Orientale, en effet, il y a toujours, sous les voiles de l'éducation et de la soumission, un fond de romantisme aventureux que ne calme aucun sentiment du devoir, qu'aucune crainte de l'époux n'étouffe. Son indolence passive cache une soif insatiable de dangers romanesques. Elle est douce, elle est timide et, d'instinct, elle est fidèle, quand son maître sait se faire aimer d'elle. Mais, malheur à ceux qui ne parviennent pas à conquérir son âme après avoir acheté son corps! « Les femmes et les parfums sont subtils, aussi les faut-il bien enfermer », dit Mahomet. Pour enfermée que soit la sultane d'amour, elle sait cependant, même au risque de sa vie, déjouer toutes les surveillances. Les mystérieuses voilées qui dans *les Mille et une Nuits* se laissent séduire par les jeunes hommes qui les courtisent dans les soukhs, et qui leur ouvrent la nuit les portes de leurs palais, s'exposant à tous les périls, ne sont pas des héroïnes de légendes, mais des êtres réels.

Au Caire, de nos jours, comme dans la Bagdad d'Haroun el Raschid, les soukhs fleurant le jasmin, l'encens et le miel, se remplissent tous les après-midi de capricieuses et langoureuses houris en quête d'une aventure pour animer la monotonie de leur existence, au risque des plus effroyables châtiments. En effet, beaucoup de ces sveltes dames qui passent, avec l'apparence de la plus farouche froideur, de la pureté la plus dédaigneuse, sont, au contraire, de terribles rêveuses de coupables idylles. Dans leurs yeux de feu luisent d'affolantes promesses d'amour.

.˙.

Seulement, de telles promesses ne sont, hélas! pas pour nous. Rien d'intime, rien de tendre, rien de caressant n'est pour nous. Ceux qui, comme Gérard de Nerval et Pierre Loti, prétendent avoir eu des aventures de harem, sont dignes d'envie. Nous, giaours de passage, nous sommes condamnés à imaginer seulement et seulement à regarder, à regarder de loin, à regarder de dehors, à regarder sans espérances, à « regarder sans toucher », comme disent les écriteaux de certains musées. Les voiles noirs, tels les portes des gynécées, restent irrémédiablement fermés pour les infidèles. Quand un cicerone, avec de grands préparatifs de mystère, nous fait pénétrer dans un « intérieur arabe », nous pouvons être certains qu'il se moque de notre candeur. Les dames qui reçoivent, au Caire ou à Constantinople, des visites d'étrangers, sont des Juives, des Arméniennes, ou des Grecques déguisées en musulmanes. Les filles du prophète, sauf de très rares exceptions, gardent leurs âmes et leurs corps pour ceux qui, comme elles, sont nés dans la religion d'Allah. Et nous devons le déplorer, en Égypte plus que partout ailleurs, car il n'y a pas dans tout l'Orient, d'après le témoignage des poètes, femme qui sache l'art d'aimer mieux que la belle cairote aux yeux de gazelle et aux lèvres de corail. Fazil Bey, l'Ovide turc, l'assure dans son fameux poème : « Si le Nil courait dans les veines de chacune d'elles, — dit-il, — il n'arriverait pas à éteindre le feu qui les dévore... »

VII

LES ARABES ERRANTS

Les tentes au désert. — Les hommes de la solitude. — Cruauté et générosité. — Légendes bédouines. — Le prix du sang. — L'âme nomade. — Les femmes sans beauté. — L'amour de la poésie et des aventures. — Libres sous le ciel bleu.

Dans les immenses solitudes arabiques, sur les terres qui paraissent complètement mortes, entre le soleil incendiaire et le sol incendié, les voyageurs découvrent à chaque pas quelques rassemblements qui les surprennent par leur vie inattendue. Sont-ce des caravanes qui vont chercher des contrées hospitalières?... Sont-ce des multitudes qui continuent l'Exode vers les terres promises? Non. Ce sont les peuples qui naissent et meurent dans le désert. Les taches noires des campements se découpent sur le sable gris. Autour des tentes se profilent les silhouettes sinueuses des chameaux et les lignes sveltes des coursiers.

Les hommes, drapés de leurs manteaux flottants, s'accroupissent à l'ombre des toiles, pendant que les femmes, toujours vêtues de longues tuniques sombres, passent, rythmiques et lentes, avec leurs cruches sur la tête ou leurs fagots de bois sur le dos, par les ruelles des villages improvisés. Et, ainsi, à travers les âges se perpétue l'existence des tribus errantes qui, depuis les temps d'Abraham, gardent dans les sables inhospitaliers le trésor de leur liberté, de leur superbe et de leur poésie. La première question que nous nous posons en contemplant ces êtres mystérieux est : d'où tirent-ils ce qui est indispensable à leur vie matérielle? Pour aussi sobres qu'ils soient, le désert ne paraît pas pouvoir les nourrir. « Quelques dattes, se dit-on, suffisent à satisfaire l'appétit d'un Arabe. » Très bien, mais encore, où sont les palmiers qui produisent ces dattes? Les oasis appartiennent aux tribus sédentaires et agricoles. Il ne reste aux Bédouins que l'immense étendue désolée avec ses buissons secs, ses puits rares, et son climat de feu. La vérité est que, depuis des temps immémoriaux, la principale industrie de la race a été le pillage des caravanes ou des riches douars. Chez eux, la conquête constitue un droit sacré. Mais pour entretenir un peuple aussi nombreux, le trafic du désert nous paraît toujours insuffisant. Il ne faut pas croire en effet ceux qui assurent qu'il ne reste que des vestiges de la race. Rien qu'en Égypte, entre la mer Rouge et les frontières tripolitaines, il y a près d'un million d'Arabes errants, contre lesquels ni l'autorité des khédives, ni la dureté des Sultans, ni l'organisation des Anglais n'ont jamais rien pu. Tels qu'ils vivaient au temps de Sésostris, tels que les vit Xénophon, tels que les chanta Antar, l'Homère noir, nous les trouvons aujourd'hui. Aux portes mêmes du Caire, leurs visages d'oiseaux de proie inquiètent les pacifiques habitants de la cité. Mais, que faire contre eux? Quand un Gouvernement se décide à les poursuivre, ils s'éloignent pendant quelque temps, s'enfonçant dans les solitudes inaccessibles, et ensuite apparaissent de nouveau pour épier avec leurs cruels yeux de convoitise ceux qui se risquent à violer la steppe sacrée.

.'.

Considérer les Bédouins comme de simples hordes de pillards serait, toutefois, injuste. Rapaces et cruels, ils le sont sans doute, mais aussi hospitaliers, généreux, chevaleresques, galants, téméraires et courtois. Leur histoire, qui se déroule sans changement ni interruptions depuis les temps les plus reculés jusqu'à nos jours, est un pittoresque tissu d'aventures poétiques et héroïques. Plus d'un Arabe sédentaire, de ceux qui se voient exposés aux persécutions des princes et des ministres, ont trouvé sous les tentes sombres un refuge inviolable. Les tribus mêmes qui attaquent les caravanes dans les défilés et dépouillent les voyageurs sans le moindre scrupule, partagent avec celui qui fait appel à leur hospitalité, serait-il un ennemi, les modestes trésors de leurs foyers. Un tel sentiment est inné dans la race. Un livre populaire de l'Égypte pharaonique nous montre comment ces hommes de bronze accueillaient, il y a quatre mille ans, ceux qui allaient vers eux. Sinauhit, le héros de l'histoire, était général d'un des premiers monarques thébains, et, par conséquent, devait être considéré comme un adversaire par les tribus des frontières asiatiques, poursuivies sans repos par les Égyptiens. Un jour ce guerrier décida d'abandonner sa patrie et de chercher fortune en Asie. Épuisé et mourant de soif, il dut se réfugier la nuit dans le campement des terribles Lahssou qui se donnaient à eux-mêmes, avec un orgueilleux cynisme, le nom de « bandits du désert ».

« Alors, dit Sinauhit, je sentis la saveur de la mort, quand j'élevais mon cœur, et je vis venir à moi les Bédouins ; leur chef me reconnut comme Égyptien, me donna de l'eau, me fit chauffer du lait et m'introduisit dans sa tente. »

Et pendant longtemps le Thébain trouva la plus large hospitalité dans le douar de ces ennemis acharnés de sa nation.

Chez les nomades du désert, il n'y a aucune différence entre ce qui se passait il y a quarante siècles et ce qui se passe aujourd'hui. Il y a quelques années, un clan des Hessené se déclara en révolte ouverte contre le gouverneur de Damas pour défendre un officier qui avait cherché un asile dans leurs campements. Ni les menaces, ni les flatteries, ni les promesses ne suffirent à les décider à livrer le fugitif. « Tant qu'il sera parmi nous, répondirent-ils, nous le défendrons jusqu'à la mort. » Le gouverneur, prudemment, n'osa pas envoyer des troupes contre eux et le fugitif put échapper au châtiment qui le menaçait. L'hospitalité constitue ainsi le fond de leurs anciennes chroniques.

Poursuivi par les archers du roi d'Hira, le célèbre Harith se réfugia un jour sur le territoire occupé par les Beni-Idjl. Au bout de quelques mois, en voyant les préparatifs que le monarque faisait pour attaquer ceux qui donnaient asile à son ennemi, et redoutant les conséquences qu'aurait dans toute la région une lutte terrible et inégale, les tribus voisines demandèrent que le fugitif fût expulsé. Les Beni-Idjl se refusèrent à trahir ainsi les lois traditionnelles de leur race. « Nous sommes prêts à succomber dans la lutte », dirent-ils. Alors Harith, pour ne pas être la cause d'une guerre, se réfugia dans les montagnes habitées par les Beni-Tay. Assouad, frère du roi Noman, demanda aux montagnards de leur livrer le rebelle. « Jamais », répétèrent-ils. Désireux d'imposer sa volonté, sans s'exposer à une campagne difficile au milieu des défilés et des pics inaccessibles, Assouad fit prisonnières les principales femmes des Beni-Tay. Mais ni cela, ni ses menaces ne purent provoquer la violation des lois de l'hospitalité. Et, cependant, Harith était un hôte peu sympathique, car, non seulement il avait tué un de ses ennemis sans défense, mais avait aussi égorgé de ses propres mains le neveu du roi de

Hira. « Que vous le châtiiez, s'il tombe en votre pouvoir, disaient les tribus, nous le comprenons. Le sang appelle le sang. Mais vous le livrer quand il a cherché un asile dans nos familles et a reçu notre promesse solennelle de le défendre, cela, jamais. »

Même dans les moments d'enivrement sanguinaire, au milieu des combats, les Bédouins savent respecter leur parole. L'histoire de Mouhalhil, le meurtrier du Koulaïb, est digne de la plus chevaleresque chanson de geste. Quand le chef des troupes de Bek parvint, à la fin d'une terrible campagne, à vaincre ses ennemis et à capturer les guerriers qui les commandaient, il dit à celui qui lui paraissait de plus noble lignage :

— Qui que tu sois, je te promets de te laisser libre si tu me fais découvrir l'odieux Mouhalhil, instigateur de cette guerre.

— Tu me donnes ta parole? répondit le guerrier.

— Je te la donne.

— Eh bien ! Mouhalhil, c'est moi.

Le chef des troupes de Beki se mit à pleurer parce qu'il avait juré de ne pas se reposer jusqu'à ce que la tête de l'ennemi de sa tribu fût pendue à l'arçon de sa selle.

— Que décides-tu ? Je suis ton prisonnier, s'écria Mouhalhil en le voyant silencieux et affligé.

— Je t'ai donné ma parole, et cela suffit. Va-t'en.

Aujourd'hui même, quand au cours d'une vendetta un ennemi se présente dans le campement de ceux qui le haïssent et, saisissant la corde d'une tente, réclame le droit d'asile, nul ne se risque à le toucher.

— Tant que tu resteras parmi nous, tu seras notre frère, murmurent les cheiks.

Et pendant des semaines entières, il peut vivre tranquille à côté de ses plus cruels adversaires sans qu'on lui donne la moindre marque d'inimitié. Le jour où il se décide à partir, le chef de la tribu l'appelle, lui fait quelque cadeau, récite des vers en son honneur et à la fin lui parle en ces termes.

— Je sais que tu te disposes à nous abandonner et je ne peux m'opposer à ta volonté. Tu es libre. Jusqu'à demain soir, nul d'entre nous ne t'attaquera. Après, le destin décidera de ton sort comme du nôtre.

Trente ou quarante heures plus tard, l'hôte de la veille redevient un ennemi abhorré. Et malheur à lui si ceux qui l'appelaient frère parviennent à le capturer. La haine arabe ne pardonne pas.

.·.

Pour être justes, nous devons convenir qu'une telle haine est presque toujours provoquée par des causes graves et justes. Celui qui vole n'inspire aucun sentiment hostile. Voler dans le désert est exercer un privilège ancestral. Tuer seulement est un crime. Une rixe mortelle entre deux individus de tribus différentes entraîne des représailles sanglantes. Comme l'honneur, comme l'héroïsme, comme l'hospitalité, comme la poésie, la vengeance est une religion bédouine. Celui qui tue, même en un combat loyal, doit payer sa dette. En d'autres temps, l'unique prix du sang était le sang. Aujourd'hui, presque toutes les tribus acceptent le paiement coranique, pourvu qu'il soit conforme au rite séculaire. Celui qui a tué écrit aux parents du mort en leur disant : « Ce fut un malheur; je vous demande la paix et vous offre le prix de ma faute ». Si un frère de la victime s'oppose aux négociations pacifiques et arbore à la pointe de sa lance un chiffon taché le sang, la diplomatie de la tribu répond : « C'est impossible; le mort demande la mort. » Dans le cas contraire, le coupable se présente aux chefs de la famille et s'agenouille devant l'héritier le plus proche du défunt.

— Mon parent a été tué, dit le vengeur.

— Oui, répond l'assassin.

— Est-il dans ta demeure?

— Oui.

— Tu es disposé à payer pour sa vie ce que je vais te demander?

— Oui.

— Tu me donneras deux vierges de la famille?

— Oui.

— Et dix chameaux?

— Oui.

— Et cent brebis?

— Oui.

— Et trois juments?

— Oui.

— Et l'argent que tu possèdes?

— Oui.

— Et un fusil?

— Oui.

— Et un sabre?

— Oui.

— Et un poignard?

— Oui.

Tout ce qu'il a, il le donne pour expier son crime. Mais quand il a été dépouillé de tout, un des cheiks s'approche du vengeur et lui dit :

— Tu as demandé conformément à ton droit, si tu veux davantage et si ton ennemi possède plus, tu peux demander encore. Tout te sera accordé. Cependant, par Allah miséricordieux, dis ce que tu abandonnes à celui qui t'accorde tant.

— Je lui rendrai ce que tu m'indiqueras, répond le vengeur.

Une fois ce pacte conclu, la fraternité règne à nouveau entre les tribus. Les Bédouins, qui sont de grands enfants héroïques et cruels dans le combat, ne conservent jamais de rancune après avoir conclu la paix. Les mêmes qui se poursuivent avec une ardeur implacable pendant des mois et des années, s'embrassent fraternellement quand la lutte est déclarée finie. En général, il faut qu'il y ait eu autant de morts dans une troupe que dans l'autre pour que les cheiks pacificateurs puissent intervenir avec des probabilités de succès et arriver, après des

15

discussions prolixes, à signer un traité en bonne règle. — « Les morts — disent en général ces traités — sont morts et le sang n'exige plus de vengeance. » Mais la paix dure peu.

.·.

Que peuvent faire, en effet, ces hommes ardents, dans la monotonie de leurs existences, quand ils ne luttent ni ne pillent?... L'amour même n'a pas pour eux le charme romanesque dont parlent les poètes de la race sédentaire. Leurs épouses n'ont pas de voiles mystérieux, ni ne se parent comme des idoles, ni n'apprennent dès l'enfance l'art de plaire. Nulle auréole de volupté et de raffinement ne divinise leurs images. « Les compagnes des nomades — dit le médisant Fazil Bey — montrent un visage laid; elles n'ornent pas la poitrine de leurs amants; leurs corps sont prématurément fatigués, leurs manières et leurs paroles manquent de grâce. » Et c'est vrai: ces pauvres femmes actives que l'on ne voit jamais sans une cruche sur la tête ou un fagot de bois sur le dos, qui soignent le cheval pendant que l'homme rêve, qui cherchent sans repos la maigre nourriture de leurs fils ou de leurs frères, qui ne sourient pas, qui parlent à peine, qui sont, en un mot, esclaves du devoir, n'ont rien de commun avec les paresseuses sultanes d'amour qui passent leur existence parmi les mols coussins des harems sans autre obsession que celle du plaisir. L'unique avantage dont elles jouissent est de ne pas vivre recluses derrière des jalousies, et de pouvoir se marier suivant leur inclination sans que leurs parents essaient de leur imposer leur volonté. Une Bédouine non mariée, de bonne tribu, est plus maîtresse de son sort qu'une Européenne. Les mots de la fille d'Haons que sa famille désirait marier avec le puissant héritier de Haoui sont légendaires sous les tentes noires.

— Voici le fameux guerrier qui sait également bien manier la lance et chanter l'amour et qui te désire comme épouse, — lui dit son père.

Et elle répond :

— Je ne veux pas m'unir à lui, parce que ni l'amour ni la parenté ne créent un lien entre nous deux. Dans son douar, je ne trouverais pas un ami pour prendre ma défense s'il voulait me répudier sans raison, lorsqu'il ne trouvera plus en moi la femme jeune et belle qui lui inspire aujourd'hui le désir.

— Je ne peux m'opposer à ce que tu décides, dit son père.

Et le farouche prétendant, attristé, mais respectueux, s'incline sans murmurer.

D'autre part, comme la jeunesse est fleur d'un jour en Orient et comme la vie nomade exclut la polygamie, les hommes, au bout de quelques années de mariage, ne trouvent plus dans leurs compagnes d'autres charmes que ceux de la communion dans l'amour de leurs enfants. « Les femmes du désert, de la Mecque à Bagdad, — dit Fazil Bey dans son célèbre poème, — portent d'étranges vêtements. Elles se font des tatouages bleus sur le visage et croient ainsi s'embellir. Elles ont, toutes, les lèvres tatouées. Comment les baiser? Leurs corps sont comme la peau du tigre. Du front jusqu'aux pieds, tout est de couleurs variées. Les plus élégantes se font tatouer un lièvre sur le ventre et un lévrier sur la nuque. Ce corps tacheté comme ceux des serpents plaît, cependant, aux Arabes des vallées. Quel est cet anneau qu'elle porte dans le nez? Comment fait-elle pour plaire malgré tout? Sa beauté n'existe pas, sa richesse non plus, elle est misérable, mais elle est la fille d'un tel ou d'un tel. Quand on n'a ni beauté ni richesse, à quoi servent les âmes des aïeux? » Si Fazil Bey n'était pas un fils de la démocratique Stamboul, mais un Arabe de grande tente, il saurait que chez les Bédouins, le sang pur et la noble origine sont le plus précieux de tous les trésors. Descendre en ligne droite d'un de ces chefs antérieurs à Mahomet, dont les hauts faits se perpétuent dans les légendes, vaut presque autant, pour eux, que de posséder d'immenses troupeaux de chameaux. Comme Quintana, les hommes du désert croient que les deux uniques choses qui ennoblissent sont d'accomplir des prouesses dignes d'être chantées ou de chanter des aventures dignes d'être admirées. Le courage héroïque et le talent poétique, voilà leurs deux vertus éternelles.

Pour cela, le héros des héros, l'Achille et l'Homère de la race, est ce merveilleux Antar qui, tel Cyrano de Bergerac, composait de gracieuses moalakas au milieu des combats les plus acharnés. Aujourd'hui même, ce qui console le mieux ces hommes de leur inaction est le récit des aventures poétiques et sanglantes. Le rapsode de la tribu s'assoit à l'ombre de la plus vaste tente. Les hommes de bronze l'entourent. Et la romance de la légende commence : « Gloire à Allah miséricordieux !... Au temps de nos aïeux, il advint un jour que le roi d'Hira envoya un de ses favoris demander la main de la fille du cheik des Hanou-Békif. Le favori composa une chanson en l'honneur de la belle, certain de l'émouvoir par la musique de ses vers et s'entoura des plus intrépides cavaliers, parce qu'il savait que, dans le trajet, il pouvait être attaqué... »

L'auditoire écoute avec une attention religieuse. Le narrateur parle lentement et décrit avec prolixité. Chaque guerrier de l'escorte a son histoire et toutes les histoires doivent être relatées. Un conte dure plusieurs nuits et un conteur peut toujours, comme la symbolique Schaharazade, retenir pendant mille et une nuits l'attention de ses amis. Aux moments pathétiques, les attitudes théâtrales complètent les mots. Le récitant gesticule, brandissant un sabre sur les têtes ou s'évanouit en chantant un madrigal aux pieds d'une idéale captive. De temps en temps le silence des auditeurs se change en tumulte. Les hommes s'indignent des trahisons qui font succomber les héros du récit ou s'enthousiasment devant les hauts faits des guerriers ; et, alors, tous en chœur, clament leurs sentiments. Quand l'histoire se termine par la mort du protagoniste, le cheik le plus ancien incline la tête et prononce quelques phrases ferventes comme une oraison en l'honneur de ce paladin plus ou moins fabuleux.

.*.

Les Bédouins, en effet, qui n'ont pas comme les Arabes sédentaires un sentiment très developpé de la foi, qui sont dépourvus de mosquées, qui négligent les prières coraniques et ignorent les subtilités théologiques, sont, en revanche, de fanatiques pratiquants de la religion des héros et des poètes. Il y a peu de temps, le cheik ul slam voulut envoyer quelques imans de l'Université d'El-Azhar pour enseigner aux tribus de Nubie les gestes rituels des cinq oraisons obligatoires. Les nomades reçurent les prêtres avec courtoisie, et après les avoir vus se prosterner, suivant le protocole des cités, ils éclatèrent de rire les prenant pour des fous. Mais quand un poète passe par un douar et daigne s'arrêter sous une tente, le peuple entier le traite comme un demi-dieu. La chanson de Motessabbi, une des plus populaires du désert, exprime d'une manière noble cet idéal héroïque et poétique de la race errante.

« Ma gloire, dit-il, apprend aux fils de Klindaf que les hommes généreux ont leur origine dans l'Yémen. Je suis le fils des combats et de la liberté, le fils de l'épée et de la lance. Les déserts et les vers rimés, la selle des chameaux et les montagnes me servent de famille et de patrie. Je porte une longue ceinture, j'habite une tente soutenue par de longs piquets, ma lance est longue, et long aussi le fer qui la couronne. Mon regard est pénétrant, ma vigilance active, mon poignard acéré, mon cœur intrépide; mon épée précipite le jour de la mort des hommes, on dirait qu'il existe un pacte entre la mort et elle, son fil voit le plus profond arcane des cœurs, pendant qu'enveloppé dans un nuage de poussière, moi-même, je ne me vois pas. Je lui donne une grande autorité parmi mes ennemis, mais si je n'avais pour la remplacer que mon éloquence, elle suffirait à me défendre. »

Ce que l'acier n'obtient pas, vraiment la

langue l'acquiert. Il faut être fort et prudent, harmonieux et rude, raffiné et barbare. Il faut unir en une seule poitrine l'âme du guerrier et le cœur du poète. Il faut être en même temps dominateur et séducteur. Et, par-dessus tout, il faut être libre. Dans l'unique but de conserver la liberté, cette race renonce aux terres fertiles, aux riches cités, à la vie sédentaire. Elle renonce de même à la religion formaliste, à la morale réglementée, à la tranquillité commerçante. Mais que sont tous ces avantages, si on les compare avec la perpétuelle ivresse du péril, de l'indépendance et de la fantaisie ?...

Pour un Bédouin misérable, le plus puissant des effendis n'est qu'un esclave avili. Sans doute, dans le désert, il n'y a ni soieries, ni fleurs, ni parfums, ni voluptueuses mollesses. Mais il y a quelque chose de mieux : la liberté éternellement fière sous le ciel éternellement bleu.

VIII

UN PEUPLE DE STATUES

Au musée des antiquités. — Les figures colossales. — Les effigies de vie. — Le réalisme dans l'art. — Scènes familières. — La vie qui palpite dans les bas-reliefs. — Le hiératisme officiel. — Une race d'artistes. — Deux Égyptiennes qui sourient. — La grâce immobile.

Ce ne sont pas ·les œuvres colossales, les énormes statues pharaoniques couronnées de très hautes tiares qui m'attirent, depuis plusieurs jours, vers le musée d'antiquités égyptiennes. Plus que les géants hiératiques, m'impressionnent les figures sans orgueil qui ne cherchent pas à nous épouvanter, par leurs gestes de dieux, mais nous parlent sur un mode familier de l'existence d'il y a quatre ou cinq mille ans, comme pour nous démontrer que, au fond, la vie n'a pas changé depuis que le monde est monde. Dans ces salles, relativement exiguës, les colosses de granit, faits pour se détacher au milieu des colonnades fabuleuses, paraissent plus surnaturels encore que dans leurs temples de Thèbes. Mieux que des hommes, ils sont de véritables divinités devant la grandeur de qui le peuple entier doit se prosterner en tremblant.

Par contre, les statues plus petites, celles qui, loin de s'immobiliser, s'efforcent de nous faire sentir les passions qui les animent, celles qui nous sourient, celles qui nous regardent avec sympathie, celles qui nous reçoivent sans hauteur, nous paraissent, en vérité, des personnes d'aujourd'hui et de toujours. En quelques-unes d'entre elles, nous trouvons jusqu'à des physionomies connues. « Où avons-nous vu un visage semblable? » nous disons-nous. Et sur les noms étranges gravés dans les socles de pierre, nous posons, avec une satisfaction puérile, d'autres noms très modernes. Cette femme brune, aux grands yeux allongés, aux lèvres sensuelles et au profil bédouin, qui porte ses boucles courtes sur les épaules et qui s'orne le front d'un ruban de laine claire, ne s'appelle pas Nofert ou Nafrit, comme déclare le catalogue, et n'est pas contemporaine des pyramides. Je la connais. Je lui ai parlé. Je l'ai vue danser en montrant ses seins ronds et en mouvant ses bras. C'est une de nos contemporaines : Mme Polaire, des théâtres de Paris. Et cet homme, gros et chauve, au visage rasé et au double menton important qui paraît, avec la malice narquoise de son geste, réciter un monologue?... L'étiquette dit : « Ka-aper, époque memphite. » Mais je vois en lui mon grand ami Sylvain. Un peu plus loin, un autre buste me surprend à cause de sa chevelure hirsute, de son regard pénétrant et de sa bouche enfantine et ironique. C'est le portrait d'un Ernest La Jeunesse d'il y a trois mille ans.

.·.

Mieux que dans le musée d'Athènes, où, hors des vitrines réservées aux figurines de terre, tout a un air de majesté olympienne, dans cette galerie du Caire, nous sentons la palpitation de la vie millénaire en ses intimités les plus plaisantes. Les grands artistes de l'Égypte antique n'eurent jamais une préférence exclusive pour les attitudes solennelles, quand il s'agissait de représenter ceux qui n'étaient pas des êtres divins. Leurs Vénus nues elles-mêmes, symbole d'idéale perfection, sont modelées avec une volupté toute famillière. Leurs corps sont longs, fins et flexibles. Leurs courbes furent sûrement caressées avec plus d'amour que de respect par les mains habiles de leurs créateurs. Dans leurs postures, on ne note rien qui ne soit humain, très humain, on pourrait même dire très réaliste. Placées dans une exposition moderne, au milieu d'œuvres de grands artistes expressifs, nul ne saurait si elles ne sortent pas de l'atelier d'un Rodin, d'un Benlliure ou d'un Zonza Briano. En effet, ce qui, dans les hypogées, nous paraît, à cause des bois sculptés ou peints, le produit d'un style essentiellement conventionel, est, en réalité, le plus naturaliste des arts. Il faut voir dans les scènes de lutte de Beni-Hassam, dans les paysans avec leurs gazelles de Khnumhatpu, dans les vols de pigeons et de canards du palais d'Aménothès III, dans le combat du Sésostris d'Ibsamboul, dans les statues de bronze achetées par le Louvre à la vente Posno, dans les chats qui s'étirent et jouent, de la « favissa » de Bubaste, dans les innombrables statuettes de terre, enfin, trouvées dans les tombes de toutes les époques et qui représentent des scènes familières, il faut

voir réellement l'intensité de vie qui anime les
œuvres populaires de ce peuple. Divisé en deux
écoles, l'une hiératique, sacerdotale et pharaonique, l'autre plébéienne et réaliste, l'art
égyptien offre, dans son ensemble, le plus sur-
prenant des contrastes. Est-il possible, nous
demandons-nous, que les hommes qui sculp-
taient ces rigides et grandioses figures de granit
qui gardent les portes des temples, soient les
mêmes qui s'adonnèrent à modeler les ondu-
leuses filles nues, les groupes d'ouvriers actifs,
les physionomies caricaturales, pleines d'expression et de vie, qui nous séduisent dans les
vitrines du Caire? En nombre d'œuvres trouvées
dans les sépulcres, le réalisme minutieux des
sculpteurs thébains apparaît plus scrupuleux
que celui de nos artistes modernes. Quelques
historiens attribuent cet amour du détail exact,
et l'on pourrait dire anatomique, à l'influence
hellénique de l'époque saïte. Il y a cependant
des œuvres très antérieures à la Grèce et à son
art, des œuvres contemporaines du Sphinx
comme le cheik El-Beled et le buste de la princesse Nafrit qui sont de véritables merveilles
d'expression et de vie. Depuis l'ère de la splendeur memphite, plus reculée encore que la flo-

raison thébaine, un souffle puissant de vie anime les œuvres sculpturales. « Ce n'est pas à l'hellénisme — dit le directeur du Musée du Caire — que l'on doit attribuer ce réalisme cru, car même les Grecs du vᵉ siècle avant notre ère ne portaient à un pareil degré, presque pénible, la religion de la ressemblance. Cette religion artistique se développa naturellement comme une conséquence des très antiques théories du « double » et se produisit sous l'influence des changements que la mode introduisait dans les manières de se vêtir. Le dogme sacerdotal conduisit l'art par une voie nouvelle et si l'on copia si exactement les têtes, c'est pour donner au « double » une image pareille à celle qu'il avait sur la terre. » C'est certain. En plus de sa propre effigie exacte, le double avait besoin dans son mastaba ou dans son hypogée d'un spectacle de vie identique à celui qu'il avait eu dans le monde.

Pour cela, dans les bas-reliefs et les sculptures des tombes, parmi les scènes hiératiques qui illustrent le *Livre des Morts* et reproduisent le jugement d'Osiris, on trouve fréquemment des tableaux d'une exactitude et d'un caractère familier charmants. Se détachant en couleurs fortes, les paysans et les artisans, les soldats et les scribes s'y livrent à leurs occupations coutumières. Leurs gestes sont si naturels que, grâce à eux, les archéologues ont pu reconstituer l'existence antique. Les hommes se servent de leurs instruments de travail avec une patience scrupuleuse, maniant des outils ciselés comme des joyaux, pendant que les femmes se consacrent aux soins de leur foyer ou de leur personne. Chaque attitude, chaque geste, chaque acte de la vie est inscrit sur les murailles funéraires. Il y a des cuisiniers qui plument des volailles, des esclaves qui préparent le feu, des paysannes qui écrasent le grain, des serviteurs qui disposent la table. Il y a des jeunes oisifs qui s'occupent à des jeux frivoles. Il y a des pasteurs qui paissent leurs troupeaux. Il y a des paysans qui labourent. Il y a des marchands qui reçoivent des colliers de pierre de couleur en échange de leurs marchandises. Il y a des parfumeurs, des ébénistes, des boulangers, des confiseurs, des barbiers, des orfèvres, des tisserands, des bouchers, des cordonniers, des maraîchers, des tailleurs, tous occupés à leurs travaux habituels, vendant, fabriquant, mesurant, pesant, marchandant. Comme en livre ouvert,

les savants lisent dans ces scènes et savent qu'un
« outnou » de cuivre suffit pour acheter quatre
canards, qu'une chèvre vaut deux « outnou »,
que le prix courant d'une outre de vin est de
trois « outnou ». Et si les attitudes ont une très
grande éloquence, les physionomies en ont une
plus grande encore. Les sculptures du Caire forment une véritable galerie de documents psychologiques et physiologiques d'un prix inestimable. « Les rides du visage, dit Maspero, sont
marquées avec une scrupuleuse insistance;
l'enfoncement des yeux et jusqu'à la patte d'oie,
les muscles qui encadrent le nez, les plis souriants de la bouche, le relief des oreilles, tout
se voit. L'image n'est pas uniformément jeune,
mais indique l'âge exact du modèle. Quelques
têtes du musée sont des portraits peu flatteurs
des bourgeois memphites dont les laideurs ont
été transmises à la pierre avec la précision d'un
décalque photographique. Certain prêtre rasé a
le crâne détaillé aussi minutieusement que si
l'on avait voulu fabriquer avec ce modèle une
pièce anatomique pour une école de médecine,
et un médecin dirait, en le voyant, s'il y a dans
son cas des tares congénitales. »

*
* *

La statue est, en effet, pour l'Égyptien une continuation de la vie. Ce principe même nous explique le conventionnalisme hautain des colossales effigies royales. Les pharaons étaient des êtres divins qui, officiellement, n'apparaissaient devant le peuple que dressés dans une attitude de sublime domination et d'invincible orgueil. Jusqu'aux Perses, héritiers de Cambyse, et les Grecs, héritiers d'Alexandre, en occupant le trône de Sésostris, adoptèrent les coutumes antiques et la religion nationale. Comment donc, les sculpteurs, qui n'étaient que d'humbles ouvriers, inconscients de leur génie merveilleux, auraient-ils pris la liberté sacrilège de changer la rigidité protocolaire des traditionnelles attitudes royales? Tels qu'ils nous apparaissent aujourd'hui en leurs énormes blocs de granit, avec leurs hautes tiares cylindriques ou leurs coiffures de sphinx, portant dans la dextre la clef de la vie, montrant dans leur sourire le mépris que tout ce qui est humain leur inspire, tels les Thébains et les Memphites voyaient leurs Ramsès, leurs Sétis, leurs Aménôthès. Que cette sculpture religieuse et officielle n'ait pas la majesté de l'art de Phidias, c'est indéniable. Mais cela n'explique pas le dédain manifesté en Europe, lorsque apparurent, vers la moitié du xx° siècle, les premiers colosses extraits des temples égyptiens. Souvenons-nous que les conservateurs du Musée du Louvre pensèrent utiliser les grandes statues de Louqsor pour faire des bancs de pierre destinés au Jardin des Tuileries et que l'admirable Horus, décapité et manchot, n'échappa à la destruction complète que grâce à l'influence du savant Longpérier. « Ce sont des choses barbares et sans le moindre intérêt », disait alors un critique éminent, incapable d'admettre que, hors de la Grèce, l'antiquité eût animé la matière avec une souple perfection. Aujourd'hui, heureusement, le goût a changé et beaucoup d'artistes donnent une plus grande importance à l'art égyptien qu'à l'art hellénique.

.·.

Sans entrer dans des comparaisons qui me paraissent vaines, et sans cesser de garder au fond de l'âme l'adoration due aux Vénus athéniennes, il est certain que les statues du Caire

sont dignes d'une admiration sans réserve.
Depuis leurs origines, les Égyptiens manifestent leur génie sculptural. Parmi les têtes de pierre trouvées à Hieraconopolis et qui datent de cinq mille trois cents ans, il en est qui nous surprennent par leur extraordinaire caractère expressif. En parlant d'une de ces œuvres de la première dynastie, le professeur Michaëlis dit : « Elle reproduit le type ethnique avec une extraordinaire exactitude et la fidélité avec laquelle les yeux sont exécutés prouve une grande puissance d'observation. » Un autre savant, l'Anglais Flindre Pétrie, étudiant cette même tête, ajoute : « Il faut noter la délicatesse des lignes de la face, l'absence absolue de convention dans le modelé de la bouche et des yeux. » Et ce qui trouble le plus quand on contemple cette œuvre est de penser qu'avant elle beaucoup de générations durent assurément travailler pour arriver à une telle perfection, à une telle synthèse de vie, à une telle science de la forme. En aucune façon, la tête d'Hieraconopolis ne peut être un travail primitif. Mais là, nous trouvons que comme dans la poésie grecque, avant une Iliade parfaite jusqu'à l'invraisemblance, les savants, pour autant qu'ils scrutent les plus

lointains passés, ne découvrent rien de ce qui, sans aucun doute, exista. Ici commence l'ar égyptien, ici commence la littérature hellénique, disent les professeurs. En réalité, l'unique commencement est celui de la connaissance que nous avons du passé. Des œuvres aussi impeccables, et même si raffinées, doivent être les conséquences d'une vaste culture antérieure. S'il n'en était pas ainsi, nous nous verrions obligés d'accepter la théorie de Péladan d'après qui la sculpture égyptienne naquit miraculeusement avec la même perfection avec laquelle elle mourut, sans avoir jamais connu les incertitudes et les tâtonnements de l'enfance.

.˙.

Les historiens reconnaissent, dans l'art de l'Égypte, différentes époques : une thinite ; une autre memphite, un autre thébaine et une dernière saïte. Chaque époque, à ce qu'il semble, eut son style, son caractère et son symbolisme. Entre les œuvres du temps de Sésostris et celles du temps de Ramsès IV, il y a des différences visibles. Dans l'ère de Akhenaten par exemple, il y eut une révolution artistique qui changea,

pendant de longues années, le cours des écoles
nationales. Mais tout cela, intéressant pour
ceux qui étudient d'une façon méthodique l'évolution des formes et des principes, nous préoccupe à peine, nous qui nous contentons de
jouir des sensations esthétiques. Que peut nous
importer que, aux moments de décadence, les
formes aient changé, pour recouvrer ensuite,
avec les splendeurs neuves des dynasties puissantes, leur primitive pureté? Vues telles que
nous les trouvons dans les musées, les sculptures des trente siècles pharaoniques forment
un ensemble homogène dans lequel apparait
toujours la même conception harmonieuse et
expressive de la figure humaine. Voici, dans
une des salles, une fillette anonyme, contemporaine des constructeurs de pyramides. Son
visage a une grâce souriante et voluptueuse qui
attire ; son profil est aquilin, ses paupières
longues, très longues, sont à demi closes, avec
une exquise coquetterie; sa chevelure bouclée
tombe sur ses épaules comme celle de la princesse Nofris; ses lèvres sont dessinées avec une
amoureuse délicatesse; son torse enfin est un
délice par les rondeurs des seins fermement
modelés, par la souplesse juvénile de la taille

admirablement indiquée. C'est, sans doute, une danseuse, une sœur de celles qui, dans les bas-reliefs, ondulent au son des guitares à une seule corde, afin d'éveiller dans l'âme du « double » le désir d'aimer. Tout en elle révèle la légèreté rythmique et l'insidieux pouvoir de séduire. Sur son cou fragile, les longs colliers de scarabées paraissent palpiter. Ses bras, un peu écartés du corps, vont se lever en une harmonieuse envolée. Ses jambes fines marquent déjà le rythme de la danse et à ses pieds menus un frémissement discret dénote l'impatience. La vie entière bouillonne en tout ce corps qui rappelle, avec sa patine ambrée, celui d'une des almées que nous admirons dans les théâtricules actuels du Caire. En nous éloignant un peu, nous croyons qu'elle bouge, qu'elle s'allonge, qu'elle change d'attitude. Et devant tant de grâce, devant tant de séduction, l'enthousiasme que les anciens poètes d'Égypte éprouvaient pour leurs courtisanes nous paraît le plus légitime des sentiments. A travers les siècles, le grand chantre voluptueux de Thèbes, qui donna à Salomon des leçons d'ardente galanterie, paraît dire encore à cette marchande de caresses : « Oh ! toi en qui réside le plaisir, doux est le parfum de ta chambre dans laquelle la bouche exhale comme un courant fleuri les effluves de l'ash ! Ta salive est un miel. Ta salive a l'enivrante douceur des fruits de la vigne. Elle est plus délectable, ta bouche si bonne, qu'un jardin planté de toutes les plantes. Tes yeux sont un ciel splendide sans la moindre nue mauvaise. Il est meilleur d'être à ton côté que de se rassasier lorsque l'on a faim, que de se reposer après la fatigue. Douce, douce est la parole. »

A quelques pas du lieu où cette ballerine nous sourit de ses lèvres sensuelles, nous trouvons une seconde petite dame avec la coiffure également relevée, le même profil fin et hautain, les mêmes lèvres charnues et souriantes, les mêmes yeux de voluptueuse langueur, le même torse rond, délicat et nerveux. Celle-ci, toutefois, ne danse pas. Celle-ci rêve. Son corps est dans une attitude de repos. Les bras tombent sur les hanches avec mollesse. Son dos s'appuie à une colonne avec un doux abandon. Mais pour être immobile, elle ne laisse pas de vivre. Sa vie est intérieure. Son sourire n'est pas pour nous, mais pour les images que son esprit caresse.

Et je me demande : Sont-elles sœurs ces deux filles brunes ? Et il faut que le catalogue m'indique qu'entre l'une et l'autre il y a près de deux mille ans de distance pour me convaincre qu'elles ne sont pas les filles d'un même artiste créateur.

Tout ce peuple de statues nées au milieu de civilisations différentes, à des époques différentes aussi, forment une seule famille. L'immobilité que nous découvrons à chaque pas dans l'existence même des Orientaux, nous apparaît ici dans une synthèse palpable qui embrasse l'espace de plus de trente siècles. Les différences profondes qui se notent dans un musée européen quand on contemple les œuvres d'un millénaire et qui montrent la perpétuelle évolution qui agite les civilisations fébriles d'Occident, sont inconnues en Égypte. Depuis que le fabuleux Menès fonde la cité des Murs Blancs jusqu'à ce que les derniers Ptolémées ouvrent les portes de leurs grands sanctuaires aux dieux étrangers, l'existence sur les rives du Nil est toujours la même. Et comme, ici plus que dans aucun autre pays, l'art est un reflet palpitant de la vie, les statues sont aussi les mêmes. Dans le temple de Denderah construit sous la domination romaine par le préfet Aulus Avilus Flacus en l'honneur de la déesse Athor, il y a une image qui symbolise l'intangible persistance des formes en Égypte. Aux pieds de la divinité tutélaire, un jeune souverain, la tiare royale sur la tête, se dresse sur son trône comme les colosses thébains. Est-ce un pharaon illustre ? Est-ce un des héritiers de Sésostris ? Non. C'est l'empereur Néron. Ayant à représenter un prince étranger qu'ils ne connaissaient pas, ces artistes ne pouvaient l'imaginer différent de leurs propres maîtres. La Grecque Cléopâtre apparaît dans les deux portraits plus ou moins authentiques que l'on conserve d'elle dans ce musée comme une princesse autochtone, la poitrine nue et la clef de la vie dans la main. Cela nous indique que le convenu officiel exigeait toujours un type unique quand il s'agissait de représenter les souverains que leur essence divine rendait différents du reste des mortels. Mais hors de la grandiose imagerie pharaonique ou ptolémique, l'art fut, de ses origines à sa mort, le plus réaliste, le plus humain et le plus expressif qu'ait connu le monde. L'immuabilité que nous remarquons dans les types sculpturaux ne provient pas du respect d'un canon établi arbitrairement et conservé avec une superstitieuse routine comme il est arrivé pour le type classique du siècle d'or en Grèce, mais de la persistance réelle des traits ethniques de la race à travers les âges. Ces artistes qui reproduisaient les palpitations de la vie avec un impeccable scrupule de naturalisme, qui ne consentaient même pas à flatter leurs modèles en les faisant plus beaux ou plus majestueux, qui copiaient ce qu'ils voyaient, tel qu'ils le voyaient, au point de suivre pas à pas, sur les reliefs des tombes, les diverses phases de l'ivresse chez les humbles clients des tavernes et les aristocratiques buveurs de « Kolobi », qui ne négligeaient ni une ride sur un front, ni un grain de beauté sur une joue, ni un rictus en une bouche, qui procédaient enfin avec la pureté ingénue et minutieuse des meilleurs primitifs flamands, ne se seraient pas soumis à la pratique d'un traditionalisme trompeur. La vérité est que le peuple, réfractaire à tout croisement avec d'autres nations, resta toujours libre des influences ethniques étrangères. Tels qu'étaient les sujets de Menès à l'aube de la civilisation prémemphite, tels les trouva Strabon trois mille cinq cents ans plus tard à l'aurore du christianisme. Les artistes, toujours sincères, se contentèrent de reproduire les traits populaires comme ils les virent à travers les siècles. Aussi, dans les vastes galeries du musée du Caire, panthéon de la race plus que panthéon des rois, nous pouvons maintenant interroger les représentants de la plus antique civilisation humaine, sans crainte que leurs visages nous trompent comme nous trompent les profils divinement stylisés des Grecs du temps d'Aspasie.

IX

LA TRAGÉDIE DES MOMIES

Au musée du Caire. — Le panthéon des pharaons. — Statues et momies. — Les attitudes de la mort. — La vie de la tombe. — Les morts qui vivent. — Le jugement d'Osiris. — Ames qui meurent. — Les secrets des rois. — Le geste éternisé.

On a dit souvent que le musée du Caire est le véritable Panthéon des antiques souverains de l'Égypte. A chaque pas un roi, une reine se dressent à notre vue, éternisés dans le granit noir du désert ou dans le granit rouge de Syène. Là sont les Ramsès, les Aménôthès, les Meremtah, les Toutmosis, les Rahotep, avec leurs doubles couronnes sur la tête, avec leurs insignes royaux en la dextre. Là sont les illustres princesses qui partagèrent avec eux le pouvoir sacré. Là sont les trônes, les sceptres, les diadèmes, les barques mortuaires... Ce ne sont cependant pas les statues qui nous font le mieux pénétrer l'âme de ces dynasties, mais les momies, les innombrables momies royales qui gardent, dans la rigidité de leurs visages, les derniers secrets des existences millénaires. Ah! ces cadavres qui datent de temps fabuleux et qui paraissent embaumés d'hier! Il n'y a pas de sculpture qui parvienne à nous donner une sensation de vie égale à celle de telles reliques. Et les voilà toutes sous les verres des vitrines! Voici Séti Ier, entouré des bandelettes qui lui font un manteau royal, voici Sésostris avec son profil d'aigle vieilli dans les luttes et les conquêtes, le terrible Sésostris qui, trois mille deux cents ans après sa mort, remua un jour son bras décharné pour jeter une dernière épouvante dans l'esprit des hommes de notre siècle; voici le malheureux Ramsès V, qui, sans forces pour imposer sa volonté, tombe sous la domination des grands prêtres d'Amon; voici Pinotmou II, qui fut trouvé, nul ne sait pourquoi, dans le sarcophage de Touthmès Ier, Pinotmou, usurpateur et conquérant jusque dans la tombe, qui conserve dans son petit visage de vieillard malicieux, un sourire diabolique; voici Amosis, fils de Kemosé, en lequel certains voient le provocateur de l'exode des Hébreux;

voici Amenfis Ier, l'esprit protecteur des sépultures thébaines; voici Seti II, prince infortuné, qui assiste silencieux à la ruine de son empire sans avoir la force nécessaire pour s'opposer à l'anarchie générale; voici le rude Sethnakht, qui parvient à rétablir l'ordre; voici Touthmosis Ier, dont les fils se disputent l'héritage de son vivant; voici Setkenyen-Re, le mystérieux monarque dont on sait si peu de choses... Et près d'eux, apparaissent les reines : la malheureuse Makeri, avec sa face invisible; la puissante Hatasoo, sœur de Touthmès III; la torturée Hen Téné; l'orgueilleuse princesse Nossi-Kousou et la plus attendrissante de toutes, la mignonne Nefret-Eré, qui est une véritable poupée avec ses yeux d'émail. Parmi ces morts, il y en a qui semblent près de s'éveiller tant ils sont intacts, tant la vie palpite encore sur leurs visages. Il en est qui sourient doucement, pieusement. Et il y en a qui rient, qui rient de rires macabres, comme secoués d'un spasme de folie, qui rient sans mesure, qui rient et qui nous font frissonner par leurs rires. Et il y en a qui gardent une sérénité de dieux grecs dans leurs paupières closes, dans leurs fronts sans un pli, dans leurs lèvres sereines. Il y en a aussi qui crient, oui, qui crient, ouvrant leurs horribles bouches édentées, qui crient et se tordent comme pour lutter contre la mort. Et il y en a qui nous regardent ironiques, se moquant de l'effort que nous mettons à déchiffrer l'énigme de leur éternelle immobilité. Et tous, jusqu'aux moins bien conservés, ont une expression de vie invraisemblable, de vie interminable, de vie plus intense que la vie.

.˙.

L'idée d'une seconde existence telle que les prêtres d'Amon la comprennent, avec des puérilités enfantines et des fétichismes grotesques, s'illumine, devant le spectacle des momies, de clartés graves et inespérées. Les morts de l'Égypte pharaonique ne sont pas pareils aux morts des autres peuples. L'hypogée ou le mastaba de Memphis, de Thèbes, de Sakara, loin d'être une prison éternelle comme le mausolée grec, n'est que le foyer définitif. La surprise des premiers archéologues occidentaux qui pénétrèrent dans les demeures mortuaires du désert libyque, fut extraordinaire. Devant l'amoncellement de meubles, de chars, de barques, de livres, de jeux et d'armes, qui entoure chaque sarcophage, ils pensèrent tout d'abord que les Égyptiens avaient coutume d'enterrer, en même temps que le mort, les objets qui lui avaient appartenu pendant sa vie. « Les meubles de sa maison accompagnent le défunt — dit Lacroix — pour qu'au jour du réveil, il ne manque de rien et puisse reconnaître autour de lui les choses qui lui avaient été familières sur la terre ». En réalité, ce ne sont pas les meubles, mais la copie de ses meubles mêmes que nous trouvons dans les tombes des Égyptiens.

Le « double » humain avait besoin de « doubles » de tout ce qui lui paraissait avant indispensable, car sa seconde existence devait être une reproduction exacte et interminable de la première. « Il faut, écrit Maspero, lui meubler une maison avec le luxe et les commodités égales à celles qu'il eut dans sa vie. Nous voyons pour cela les sculpteurs lui modeler des statues par douzaines, les graveurs lui préparer de belles stèles où on lit son nom, ses titres, la mention de ses actes et de ses vertus, les potiers faire des figures d'émail, les orfèvres ciseler des bagues et des colliers, les perruquiers confectionner des perruques de toutes sortes, hautes ou basses, bouclées ou lisses, bleues ou noires. Il lui faut un magasin entier de meubles, de lits, de tables, de chaises, de coffres parfumés pour le linge. » Une fois les appartements ainsi meublés, il faut penser à offrir au « double » un char et une barque, pour qu'il puisse sortir de sa maison et visiter ses domaines ; il faut lui donner des armes pour se défendre, il faut enfin le protéger contre les sortilèges au moyen de talismans. Cette dernière précaution est des plus importantes, car le mort se trouve plus exposé encore que le vivant à des malheurs et à des peines inattendus. Pour cela, le prêtre, au moment d'embaumer un corps, place entre les bandelettes de lin les mille objets magiques qui doivent servir pendant l'éternité.

Les scarabées trouvés par centaines dans toutes les tombes thébaines et qui ornent aujourd'hui les anneaux de nos belles et les épingles à cravates de nos galants, sont les amulettes par excellence. Leur nom s'écrit au moyen d'un signe dont la prononciation est la même que celle du hiéroglyphe qui signifie « Être » et cela suffit pour transformer le modeste insecte en symbole de vie éternelle, en en faisant une image de l'essence de la vie dans ses avatars infinis. Les embaumeurs l'emploient aussi bien dans les cercueils des rois que dans ceux des mendiants. Tout ce qui est chair et âme est enclos dans la minuscule carapace. Au début, le petit animal lui-même, soigneusement desséché, suffit. Mais les prêtres comprennent bientôt que son image serait plus efficace encore si l'on y gravait quelques paroles magiques. Et alors commence la gracieuse floraison des scarabées d'améthyste, de turquoise, de nacre, d'agathe, de serpentine, d'hématite, de quartz, de jade, de porphyre, de diorite. Les orfèvres cisellent avec soin la partie supérieure et gravent sur l'autre côté le nom du mort, ou bien les prières qu'il doit réciter devant Osiris, ou les phrases qu'il doit avoir à l'esprit dans toutes les occasions graves de son existence, ou les paroles ésotériques qui lui permettront d'éloigner ses ennemis naturels, ou les litanies en honneur de Thot, ou les conjurations destinées à apaiser les quarante-deux juges de la mort, ou les phrases tendres qui doivent lui conserver dans l'au-delà l'amour de son épouse. Les lettres que les momies écrivent à leurs proches pour leur recommander de ne pas oublier les offrandes sont scellées avec un scarabée.

En plus de cet insecte indispensable, il y a beaucoup d'autres talismans d'une utilité capitale. Un disque émaillé posé sur la poitrine du mort, conserve au fond du cœur les vertus domestiques; un anneau d'or permet de garder le timbre grave de la voix pour réciter les oraisons du « Pir em Hou »; une fleur sèche préserve la vue des nues du néant; une formule inscrite sur une plaque de métal défend contre les attaques des esprits malins; une tablette couverte de signes mystérieux donne le pouvoir de sortir du cercueil pour mener au milieu de parents aimés et des serviteurs fidèles une existence agréable. Car le « double » n'est jamais seul.

« Quand, après avoir parcouru ses champs — dit Jules Baillet — ou avoir visité ses ateliers ou ses magasins, ou avoir chassé dans les marais, le « double » revient la nuit à sa demeure éternelle, il ne peut se résigner à se voir isolé et sans affections. De même que pendant sa vie terrestre, il lui faut le bon accueil de ses parents ou de son épouse, les cris joyeux de ses fils, les saluts de ses amis ou de ses esclaves et jusqu'aux caresses de son chien favori. »

Pour que la tombe puisse être ainsi la maison d'un mort et de beaucoup de vivants à la fois, il faut le pouvoir de l'art et de la magie sacrée. Les reliefs polychromes qui dans les hypogées antiques nous surprennent par leur abondance de vie, ne sont pas réellement comme on l'a cru d'abord de simples ornements, mais de véritables assemblées d'êtres réels. Chaque figure est un « double » vivant qui accompagne le « double » mort. Les oraisons rituelles des prêtres confèrent aux figures sculptées un souffle de réalité. Dans un conte très antique de Thèbes intitulé : « Les aventures de Satni Khamois », nous voyons d'une façon claire le mécanisme de l'existence familière d'un mastaba. Réunis dans une vaste crypte, les parents du défunt se distraient pendant les longues heures du jour à jouer aux dames. Tout à coup, un des plus anciens, qui revient d'une promenade, parle des malfaiteurs qui dépouillent les demeures éternelles de la région. Tous cherchent alors leurs amulettes contre les voleurs : une fois tranquillisés, ils sentent un grand appétit et pensent à faire préparer un banquet. Les cuisiniers sont là, et là aussi sont les musiciens et les danseuses. Le repas est splendide.

Les danses remplissent de joie les âmes. L'époux s'approche amoureusement de son épouse et les jeunes gens se regardent avec des yeux pleins de volupté. Puis la nuit vient et les couples s'unissent dans l'ombre...

.
. .

Quand on pense que ce ne sont pas seulement les princes et les puissants que l'on momifie, mais tous les hommes, les scribes comme les esclaves, les boutiquiers comme les généraux, et en plus des hommes, beaucoup de bêtes depuis le terrible crocodile jusqu'au minuscule scarabée, on se rend compte du nombre d'êtres vivants qui ne travaillaient qu'à conserver la forme humaine aux morts.

Imaginons, en effet, un grand peuple, le plus grand de l'antiquité, dans lequel chaque être qui disparaît occupe pendant plus de soixante-dix jours trois ou quatre personnes, et alors nous aurons une idée approximative de l'Égypte pharaonique. Pour le plus modeste citoyen mort, il faut des mages, des chimistes, des chirurgiens et des prêtres. La technique de la momification nous a été expliquée par tous les historiens. A peine le cadavre est-il froid, que la cohorte des ouvriers de l'éternité s'empare de lui. L'un lui ouvre le ventre et lui retire les entrailles. Un autre lui rompt les cloisons du nez et au moyen de pinces très minces lui extrait la masse cérébrale. Ainsi vidé de ce qui se corrompt le plus facilement, le corps est submergé dans un bain de nitre où il reste de longues semaines. Quand les chairs et les os sont imprégnés de sels, quand la peau est tannée, quand tout germe de pourriture a été détruit et la chair transformée en matière inaltérable, d'autres ouvriers remplissent d'asphalte le crâne et d'herbes aromatiques le ventre. Avec cette seule préparation, le corps pourrait durer quelques siècles. Mais cela ne suffit pas à ces hommes passionnés d'éternité. Il est nécessaire qu'il dure autant que le monde, qu'il résiste aux millénaires, qu'il devienne aussi invulnérable que la pierre. Pour cela, au dernier moment, arrivent ceux qui, avec des soins savants et des précautions religieuses, enveloppent les membres dans des longues bandelettes de lin purifié. Pendant qu'un prêtre mène à bonne fin ce travail d'emmaillotement, un autre dispose de place en place, suivant d'invariables rites, les amulettes, et un autre, parlant à l'oreille du cadavre, donne à l'âme les suprêmes conseils de la sagesse de l'au-delà. Et quand la momie est enfin terminée, il faut encore l'enfermer dans un cercueil qui reproduise la forme humaine, l'idéalisant d'après les canons d'une esthétique spéciale — cercueil qui a, sous la mitre sacrée, une abondante chevelure, deux immenses yeux d'émail, une bouche d'écarlate, et, lorsqu'il s'agit d'une femme, deux seins d'or aux bouts animés par deux légères gouttes de carmin.

∴

Naturellement, à de telles préoccupations matérielles correspondent de plus grandes préoccupations morales. « L'Égypte — dit Michelet — est le peuple de la mort. » Le peuple « des morts » serait plus exact. Car ce n'est pas l'idée même du néant qui inquiète ces gens, mais la notion de la vie réelle du cadavre, la matérialisation de l'âme toujours unie au corps, la superexistence individuelle, en somme.

Parmi les innombrables mythes de la foi égyptienne, le plus populaire et le plus saint paraît être celui de l'embaumement des restes d'Osiris. Ce qu'Isis pleure n'est pas l'assassinat même du dieu, mais les mutilations du cadavre. Aussi elle consacre tout son effort à retrouver les restes épars pour les unir au moyen de bandelettes. Et lorsque après d'infinies recherches, la déesse parvient à découvrir au fond du Nil les membres de son frère et à former avec eux la momie sacrée, son âme recouvre la paix et le bonheur. Les morts ne vivent-ils pas comme les vivants?... La tombe n'est-elle pas une maison comme celles de ceux qui restent dans le monde?... Ne conserve-t-on pas dans l'au-delà les mêmes joies, les mêmes énergies, les mêmes affections et jusqu'aux mêmes occupations que sur la terre?... En ce pays de lumière, même les ombres du mystère de l'existence future ont de la clarté et de la joie. Pour ceux qui entreprennent le voyage suprême, il n'y a ni promesses de paradis, ni menaces de métamorphoses. La récompense consiste à continuer de vivre la vie que l'on a vécue, telle qu'on l'a vécue.

Dans les cavernes qui servent de sépultures, chacun trouve, si ses péchés ne le rendent pas indigne de la grâce éternelle et si ses amulettes le sauvent de la destruction définitive, ce qu'il

a laissé dans son palais ou dans sa chaumière.
Le riche continue à être riche, l'amant continue
d'aimer, l'ouvrier ne cesse jamais de travailler.
Être ou ne pas être, voilà le fond du grand
problème. Celui qui ne mérite pas, au jugement
dernier, l'absolution d'Osiris, est dévoré sur-le-
champ par les quarante-deux divinités infer-
nales qui se nourrissent de la chair des pécheurs.
Celui qui sort vainqueur de la terrible épreuve
s'embarque sur la barque de Thot, et va poursuivre dans la tombe le fil à peine interrompu
de son existence ordinaire.

.˙.

En réalité, les morts d'Égypte sont même
plus heureux que les vivants, puisque s'étant
soustraits à la tyrannie des pharaons, ils n'ont
plus d'autres lois que celles des dieux. Et les
dieux égyptiens, malgré leurs noms terribles et
leurs attitudes sévères, sont de braves gens,
qu'il n'est pas trop difficile de tromper. Les
bas-reliefs qu'illustre le texte du « Livre du
Lever du jour », nous font assister aux audiences suprêmes dans lesquelles on juge les
âmes. Dans la vaste salle du Tribunal se trou-

vent réunies les quarante-deux divinités qui forment le jury. Osiris, dieu de la mort, dieu qui est mort et qui est ressuscité d'entre les morts, dieu qui a été momifié, dieu qui connaît toutes les angoisses et tous les secrets de l'être et du non-être, préside solennellement au jugement. La balance de la Vérité se dresse au centre du prétoire, gardée par le bourreau céleste, monstre fait d'une partie de lion, d'une partie de crocodile et d'une partie d'hippopotame. Celui qui vient de sortir du monde apparaît, tremblant, devant ses juges surnaturels. En se trouvant en face d'Osiris, il se prosterne et dit : « Salut, oh! mon grand seigneur le Juste! salut, grand dieu de la Vérité! Je viens vers toi, vers toi, je suis guidé pour contempler les beautés. Je te connais, je connais tes vertus, je connais les quarante-deux divinités qui se trouvent avec toi dans la Salle du jugement, je connais leurs noms et je sais que, vivant des dépouilles des pécheurs, elles se nourrissent de leur sang, en ce jour où nous rendons tous nos comptes devant l'Être Bon. Je vous apporte la vérité, dieux, et par vous je détruis les péchés. » Quand termine ce premier discours, Maït, la dame de la Justice, prend le cœur du mort dans ses mains impassibles et le place sur un des plateaux de la balance rév*latrice. Malheur à celui qui est impur si, en ce moment grave, il ne sait pas tromper les dieux et se tromper lui-même! Parce que dans ces transes rituelles, la plus subtile astuce et les plus fines adulations peuvent seules sauver les pécheurs. Quand on ment à Osiris, il faut mentir avec art. De plus, il est indispensable de compter sur la complicité de son propre cœur qui peut être plus ou moins discret. Le mort commence donc à réciter à voix basse cette formule consacrée : « Cœur de ma mère, cœur de ma naissance, cœur que je possédais sur la terre, ne porte pas contre moi un témoignage sévère, ne sois pas mon adversaire devant les puissances divines, ne pèse pas contre moi. Ne dis pas voici ce qu'il a fait, ne fais pas surgir mes fautes contre moi, devant le grand dieu de l'Occident. »

Grâce à ces paroles et aux amulettes posées au milieu des linges de la momification dans le but d'empêcher que les péchés apparaissent dans toute leur horreur au moment décisif, le mort se sent relativement tranquille. Le plateau de la balance qui doit sauver ou condamner ne descend pas. Le monstre n'ouvre pas sa gueule dévorante. Les dieux ne sentent pas la soif insatiable de sang. Les bras de Maït ne s'agitent pas irrités. « Parle », dit alors le juge suprême, s'adressant au mort. Et le mort, sans crainte que dans son discours la fausseté soit reconnue, commence à faire la « confession négative » qu'exige le rituel de « Pir em Hou ».

« Je n'ai pas fait le mal, — murmure-t-il, — je n'ai pas commis de violence, je n'ai pas volé ; je n'ai fait tuer personne par trahison ; je n'ai pas diminué les offrandes aux dieux ; je n'ai pas proféré de paroles trompeuses ; je n'ai pas fait pleurer ; je n'ai pas été impur ; je n'ai tué aucun animal sacré ; je n'ai pas ravagé les terres cultivées ; je n'ai pas été calomniateur ; je n'ai pas éprouvé de colère ; je n'ai pas été adultère ; je ne me suis pas refusé à entendre les paroles de la vérité ; je n'ai commis de maléfices ni contre mon père ni contre le roi ; je n'ai pas parjuré ; je n'ai pas faussé les balances ; je n'ai pas volé le lait de la bouche des enfants ; je n'ai pas capturé dans mes filets les oiseaux des dieux ; je n'ai pas repoussé l'eau en sa saison ; je n'ai pas coupé les canaux d'irrigation ; je n'ai pas éteint le feu en son heure ; je n'ai pas méprisé Dieu en mon âme, je suis pur, je suis pur, je suis pur ! »

Après avoir entendu cette confession et consulté à nouveau la balance, le célèbre procureur au bec d'ibis, Thot, écrit sur ses tablettes la sentence d'absolution qui est, à savoir : « Le défunt sort victorieux pour aller en tous les lieux où il lui plaira, près des esprits et des dieux. Les gardiens des portes de l'Occident ne le repousseront pas. » En possession de ce document, écrit « sur une brique de pure argile extraite d'un champ sur lequel aucune charrue n'a passé », le mort peut commencer la vie éternelle au milieu de ses parents, de ses amis et de ses esclaves.

Mais si les dangers infernaux sont terminés, il n'est pas de même des risques de la vie nouvelle. Dans la tombe, en effet, le « double » a ses besoins comme les hommes ont les leurs sur la terre. Les proches doivent lui porter les offrandes alimentaires indispensables à sa subsistance. Et malheur à celui qui, un jour d'entre les jours, se verrait privé de tels dons ! La faim le fait alors sortir de son sarcophage, non pour se promener dans la campagne aimable, ni pour visiter ses domaines, mais pour recueillir par les chemins les restes des repas des mortels ou pour attaquer, à la faveur de l'ombre, ceux qui l'oublient ainsi. La vie du défunt est réelle, au point qu'il peut même la perdre.

« Beaucoup d'âmes, — dit Maspero, — succombent en chemin et meurent; seules, celles qui possèdent des amulettes et des incantations sacrées, arrivent enfin aux rives du lac Kha et voient les îles des bienheureux. »

.˙.

Parmi les momies royales qui reposent dans les vitrines du musée, il y en a au moins une qui est sûrement parvenue à contempler les îles heureuses. C'est celle de Séti Ier, père de Sésostris le Grand. Quel calme, en effet, sur son fin visage! Quelle paix dans son attitude! Les bras croisés sur la poitrine, il paraît plongé dans un sommeil plein de nobles rêves. Toute la majesté sereine de son époque se reflète sur son front. Pour avoir construit les temples merveilleux de Karnak, de Kourna et d'Abydos, les dieux ont mis dans son âme la belle immortalité qui ne redoute rien. Ses lèvres se sont fermées sans goûter l'amère saveur des plaintes. Ses yeux tranquilles contemplent, à travers les siècles des siècles, une œuvre impérissable de splendeur et de justice.

Ensuite, comme pour nous mieux faire sentir la beauté suprême de ce spectacle surhumain, à côté de Séti, nous voyons étendu, étiré pour mieux dire, et sans bras ni cheveux, un monarque anonyme de la vingt et unième dynastie. Dans le visage de cette momie, il n'y a aucune réelle grandeur royale. L'horrible rictus de sa bouche lance encore, depuis le monde des ombres, un cri sinistre de douleur et de colère. Est-il possible que nous nous trouvions en présence d'un être presque divin, d'un fils du dieu Ra, d'une incarnation du Soleil? D'autres pharaons exhumés nous font sentir l'orgueil de ces hommes omnipotents qui savaient, à l'avance, quelles belles demeures réservent à leurs « doubles », les pyramides et les hypogées. Le hiératisme est fréquent dans les restes des souverains. Mais ce roi sans nom est le contraire de la majesté. Il se tord comme un être tourmenté de douleurs atroces, il se crispe dans un spasme sinistre de tous ses muscles, il clame désespérément de sa bouche noire.

Comparée à une telle momie, celle de la princesse Nessi Nonson paraît presque une image de la sérénité. Et Dieu sait, cependant, si la mystérieuse infante a la réputation de jeter un mauvais sort aux mortels! Les seins ronds montrent qu'elle est morte jeune. Ses traits d'un dessin correct, indiquent une beauté fine et rare. Mais il y a dans ses lèvres un tel pli de cruelle ironie, ses longues paupières ont un tel air de mépris, que l'ensemble du visage surprend et blesse comme celui d'une personne qui ne sentirait pour les personnes qui l'entourent qu'une incurable répugnance. La rigidité même de son corps dénote un orgueil indomptable. Ah! celle-là n'a pas dû s'humilier à user de gentilles ruses devant les quarante-deux juges suprêmes! Sûre de la divinité de sa race, elle laissa sans doute Maït peser son cœur, et sans prononcer une parole, sans peut-être même ouvrir sa bouche cruelle, elle passa devant Osiris avec la même superbe qu'elle passait en vie devant les prêtres de ses temples. Les historiens ont tenté en vain de reconstituer l'existence intime de cette princesse obsédante. Les hiéroglyphes ne disent rien de son caractère, de ses passions, de ses aventures. Il ne nous reste d'elle qu'une attitude et un sourire.

Mais ce qu'il y a de merveilleux dans les momies est justement qu'elles puissent conserver pendant des milliers d'ans, dans ce qui nous paraît si peu durable, dans la fragile chair humaine, le secret de leurs âmes. Le « ni plus ni moins » du tableau de Valdès Léal et le « vous finirez tous dans la pourriture » de la danse macabre, ne s'appliquent pas aux Égyptiens du temps jadis.

Plutôt que des cadavres embaumés, les pharaons, les grands prêtres et les princesses que nous voyons là, nous paraissent des gestes éternisés.

Les noms de beaucoup d'entre eux se sont perdus. Nul ne connaît exactement l'histoire des autres. Ce qu'ils firent, ce qu'ils pensèrent, est, en général, une énigme que la science historique ne déchiffre que d'une manière imparfaite. Mais quelque chose du mystère de leurs âmes paraît devant nos yeux, grâce à cette invraisemblable conservation de la dernière grimace. Et qu'on ne dise pas que pour la psychologie, le visage n'est rien. Dédaignons-nous le document expressif des portraits?... Eh bien, où y a-t-il un portrait comparable à ces terribles effigies vivantes ?

Figurons-nous, en effet, ce que nous pourrions découvrir d'arcanes aujourd'hui insondables dans les momies d'un Néron, d'une Aspasie, d'un Mahomet...

X

LE NIL

La sainteté du fleuve. — La vie de l'Égypte et les eaux. — Les mystères et les légendes fluviales. — Les phénomènes. — Les hommes qui arrosent. — Le Nil origine du droit. — Le matin qui chante. — Évocations. — Les villages des rives. — Vision du désert.

Avec une émotion profonde, je viens de m'installer dans le bateau qui nous conduit vers la contrée où nous attendent les ombres des grands prêtres d'Ammon. L'heure est admirable. Au couchant, le ciel inaugure ses illuminations vespérales, parmi des transparences qui laissent voir, dans un au-delà fantastique, d'étranges lueurs de flammes. Sur l'une et l'autre rives du fleuve se dressent de vieux palmiers, dont les ombres noires se reflètent dans l'onde ardente. C'est l'éternel, l'invariable paysage d'Égypte, le paysage monotone et charmant que, pendant notre voyage, nous verrons tous les soirs et qui, tous les soirs, nous tiendra immobiles, à la poupe, de longs moments, — rêvant le même rêve de splendeurs et de mystères. L'idée seule que je me trouve sur le Nil et me dirige vers Thèbes, m'emplit l'âme d'émotions. Le Nil, le vieux Nil, le père Nil, le Nil sacré!... Les lèvres ne se lassent pas de répéter ces syllabes harmonieuses, de même que les yeux ne se fatiguent pas de contempler le courant pourpre. Le Nil! Il y a un tel amoncellement d'images, d'évocations et de souvenirs en ce seul nom! Parmi les innombrables fleuves sanctifiés par les hommes, c'est lui, sans conteste, qui mérite le mieux la canonisation. Le peuple et le pays tout entiers sont à lui. Sans lui, il n'y aurait ni Égypte ni Égyptiens. Les autres contrées qui s'enorgueillissent des eaux qui les baignent pourraient supprimer leurs dieux fluviaux; le sol continuerait d'exister, peut-être moins beau, peut-être moins riche, mais toujours vivant. Ici, la simple paralysie des eaux pendant quelques années, suffirait pour que la glèbe, mourant de soif, comme à ses origines reculées, s'enfonçât à nouveau dans le désert, du sein duquel elle est sortie. Il n'est pas un palmier, pas une fleur de lin, pas un épi de maïs, pas un roseau de papyrus, pas une feuille de lotus, qui doive au ciel une goutte de rosée. Tout ce qui palpite dans la nature, vient de l'onde du fleuve.

Le vieil Hérodote disait déjà, il y a plus de deux mille ans, que l'Égypte est un don du Nil. Don merveilleux, en vérité! Don qui a profité à tout l'univers! Car si l'ancêtre Amon Ra ne l'eût pas fait au désert africain, l'humanité aurait peut-être tardé de siècles à connaître les grandes choses qui embellissent l'existence : la poésie, la grâce, l'art, l'idéal, la volupté, la justice. Quand dans d'autres régions, favorisées par la pluie miséricordieuse, il n'y avait encore ni un temple, ni un livre, ni un dieu; quand la Grèce était encore sauvage; quand dans les champs de Babylone on ne voyait que des troupeaux errants; quand Jérusalem n'avait pas surgi du milieu de ses ravins, cette ligne noire tracée au cœur du désert était un centre de sublimes lumières. En l'an 4138 avant Jésus, en lequel la chronologie chrétienne fait naître Adam, le grand sphinx souriait déjà devant le Temple de Granit, où les hommes adoraient les premiers dieux inconnus. A chaque instant, durant le voyage vers les terres millénaires, tout nous rappelle cette invraisemblable antiquité. Là-bas, loin derrière nous, restent les pyramides dont les angles gris seront une obsession pendant des heures et des heures. Et quand les pyramides se perdront dans la nuit, commencera le défilé des formidables fantômes. Tous les témoins héroïques de la plus lointaine époque humaine sont alignés sur l'une et l'autre rives, comme pour former une fantastique garde d'honneur aux siècles qui passent.

．＊．

Tandis que j'évoque les images vénérables qui surgissent des rives du Nil, les bateliers étendus à la proue contemplent le Nil, lui-même. Toute la vie de ces hommes est concentrée en la palpitation des divines eaux. Pour eux, il n'y a pas d'histoire, il n'y a pas de palais antiques, il n'y a pas de civilisations mortes. C'est l'onde vivante qui incarne tout. Leur vie matérielle comme leur vie morale, vient du fleuve. Dans leurs chants, l'image du dieu à la barbe fluviale apparaît sans cesse. « Père, père, père liquide, notre père » — chantent-ils, pour s'animer en leurs rudes manœuvres. Et ensuite, quand ils vont se reposer, c'est toujours le mystère du fleuve père qui les préoccupe et les exalte. Tous les contes et toutes les traditions de ces hommes de peine parlent des arcanes du grand courant nourricier. Celui qui est allé le plus loin est celui qui a le plus de prestige. Celui qui connaît le plus de secrets des eaux est le plus savant.

— Écoutez, dit un de ces narrateurs de contes qui ne manquent jamais à bord — écoutez ce que conta à mon aïeul son aïeul. Au temps d'un roi illustre parmi les rois, trois pilotes qui conduisaient une barque remontèrent si longtemps, si longtemps, qu'après avoir dépassé les cataractes ils se trouvèrent dans un pays inconnu. Là, les hommes n'étaient pas comme nous. Ils étaient plus grands, plus forts, plus noirs de peau. La langue qu'ils parlaient était si étrange, qu'elle semblait un aboiement de chiens sauvages. Par signes, les pilotes demandèrent à ces hommes si le Nil était encore navigable à travers les bois que l'on voyait au loin. Et les hommes répondirent d'un geste qui signifiait : « Allez, allez... l'eau ne vous manquera jamais ! » Donc, les pilotes continuèrent leur voyage. Et les lunes et les années passaient sans que le courant diminuât. Et les pilotes pensaient : « Dussions-nous passer toute notre vie en ce voyage, il faut que nous arrivions jusqu'aux sources du fleuve. » Au bout de dix ans de navigation, un des bateliers de la dahabieh mourut. Ses compagnons l'enterrèrent sous un palmier gigantesque et continuèrent leur route. L'année suivante, un autre pilote mourut aussi. Alors, le dernier, ne pouvant manœuvrer seul, s'arrêta et se résigna à périr, sans avoir vu les sources. « Malheur à moi ! » s'écria-t-il. Une voix qui sortait du fond d'un bois lui répondit : « Ne te plains pas de ton sort, toi qui as vu le plus d'eau ! Quant à atteindre les sources, c'est impossible, mon frère. Nul homme, jamais ne les verra ! »

Dans l'imagination du peuple égyptien, la naissance du Nil est toujours entourée de mystères. Les eaux naissent-elles au ciel, comme l'assuraient les prêtres de Thèbes et sont-elles, ici-bas, une image des courants célestes sur lesquels flottent béatement les barques de Thot ?... Surgissent-elles d'entre deux îles ignorées, des doux, terribles et insondables abîmes créés par les dieux ?... Sont-elles les larmes qu'Isis répand sans cesse, depuis que le corps d'Osiris a été coupé en morceaux par ses cruels compagnons ?..

Viennent-elles d'une mer parsemée d'îles enchantées, qui se trouve au delà de l'inaccessible région de Pouanit ?... Est-ce, comme le prétendaient les marins qui allaient vers les mines du pharaon et les marchands qui trafiquaient avec l'Asie, un canal qui commence dans l'océan Indien pour venir mourir dans la Méditerranée ?.. Ou bien jaillit-il, enfin, des entrailles mêmes des déserts par une infinité d'invisibles fontaines ?... Mystère, éternel mystère, mystère universel! Car, à vrai dire, les savants géographes de notre époque ne sont pas, en cette affaire, beaucoup mieux renseignés que les pauvres bateliers. « On cherche encore la source du Nil, dit Élisée Reclus, et, comme aux temps de Lucain, nul n'a eu la gloire d'assister à la naissance de ses eaux. »

Les hypothèses de Stanley et de Smith, en effet, sont contredites par les calculs de Pearson. Quelque jour, cependant, un explorateur découvrira la véritable origine du Iauma sacré. Mais cela ne détruira pas les légendes égyptiennes, car pour le peuple qui vit de ses dons merveilleux, le fleuve sera toujours une divinité pleine d'oracles et de prodiges. Les changements mêmes de volume et de couleur aux différentes époques de l'année suffisent à lui donner un caractère de miracle qu'aucun Gange, aucun Euphrate, aucun Jourdain ne peut lui disputer. Depuis les temps les plus reculés, les hommes de toutes les races ont éprouvé une admiration religieuse devant le spectacle de la crue fertilisante après les longues sécheresses. « Il n'y a peut-être pas dans toute la nature quelque chose d'aussi stupéfiant que le phénomène du retour des eaux d'Égypte — dit Oshurn. — Jour à jour et nuit à nuit, le sombre courant avance majestueusement au-dessus des sables altérés des immenses solitudes. Presque d'heure en heure, nous entendons le fracas des digues de boue tombant sous la poussée de l'eau qui va féconder un nouveau désert. Parmi les impressions que j'ai éprouvées dans ma vie, il en est peu qui m'aient laissé un pareil souvenir. Toute la nature crie de jouissance. Hommes, enfants, troupeaux sautent dans l'eau pendant que les larges ondes entraînent des bancs de poissons dont les écailles luisent avec des reflets d'argent; et les oiseaux de toutes couleurs se réunissent comme des nuages dans l'air. » Aux modifications de volume correspondent de singulières variations de couleur et de saveur. Au début de la grande crue, au milieu de juin, les eaux prennent un ton vert glauque; et celui qui les boit, même filtrées, ressent de terribles douleurs. Heureusement, ce phénomène ne dure jamais plus d'une semaine. Tout à coup, la surface change de nuance. Le Nil vert et malsain se convertit en Nil rouge. L'onde se teint de sang. Et le phénomène n'est pas produit par la lumière. Même dans un verre, le liquide conserve sa teinte rubescente. Au bout de quelque temps, quand l'inondation a couvert les champs et gonflé les canaux, l'eau se trouble, perd son manteau de pourpre, devient terreuse. Puis, quand commence la décrue, les eaux reprennent leur couleur azurée, qui dure toute une saison de quatre mois. A l'exception de quelques jours de la métamorphose verte, les eaux sont toujours potables, saines et fraîches. Les hommes et la terre y étanchent avec joie la soif que le soleil africain fait naître dans leurs entrailles.

.

Si grand, si mystérieux est le prestige du fleuve que, très loin de ses rives, en des terrains que son courant n'a jamais pu atteindre, on attribue encore à ses eaux le mirage vert des grandes oasis. Dans les terres fertiles de Smak, dans des territoires qui n'appartiennent peut-être plus géographiquement à l'Égypte, on croit que la floraison des grenadiers, des pruniers et des oliviers qui transforment cette région en une île bienheureuse, perdue dans l'immense océan libyque, est due à un bras souterrain du Nil. Les sources qui jaillissent en de tels parages et qui alimentent les canaux d'irrigation portent des noms nilotiques. En vain, les géologues démontrent-ils avec la plus claire évidence que ces eaux, en partie minérales et salines, ne peuvent avoir leur origine dans les infiltrations du fleuve père. Le désert est si accoutumé à tout devoir au formidable cours d'eau, qu'il lui attribue jusqu'à ce qui, en bonne logique, ne peut en dépendre.

.*.

D'une extrémité à l'autre du pays, la grande préoccupation et la grande occupation est le fleuve. Dès que le jour paraît, les fellahs, aux hanches étroites et aux profils de vautour, commencent à puiser l'eau fécondante pour arroser les champs. Ce travail, comme les instruments avec lesquels il s'accomplit, date du commen-

cement du monde. Placé sur un trépied rustique,
un mât très long se maintient en équilibre de
bascule. Au bout de la partie la plus longue du
mât pend un sac de cuir ou un seau de bois qui
arrive jusqu'au fleuve ; à l'autre extrémité il y a
une pierre qui sert de contrepoids. Et, sans
repos, avec une lamentable résignation, psalmo-
diant de monotones chansons, les travailleurs
du chadouf tirent et laissent retomber et sortent
le liquide précieux qui change les sables en
riches vergers. Mais pour fertiliser le désert, les
chadoufs ne suffisent pas. Il faut que les femmes,
prenant leur part du travail mécanique des
hommes, descendent en longues files jusqu'aux
rives du Nil et qu'après avoir rempli leurs
cruches aux formes primitives, elles aillent les
vider dans les canaux d'irrigation. Et il faut que
les enfants aussi aident, de leurs bras frêles, à
abreuver la bête insatiable du désert. Une goutte
d'eau est une parcelle du trésor commun. Les
gestes de bénédiction que nous avons pour le
pain, les fellahs les réservent pour le précieux
liquide. Au moment d'être jugés par les quarante-deux assesseurs d'Osiris, les morts qui
veulent échapper aux peines éternelles doivent
dire : « Nous n'avons pas profané l'eau, nous

n'avons pas détourné le courant, nous n'avons pas usurpé ce qui revenait au champ de notre voisin. » Toute l'idée de justice égyptienne naquit du respect de la répartition des dons du Nil. Il y a plus : tout le principe de la législation humaine naît du travail de ces arroseurs infatigables. Écoutez : « Les eaux du Nil en débordant chaque année effaçaient les limites des propriétés, il fut donc nécessaire de mesurer chaque champ et de l'inscrire sur un registre cadastral. Ainsi s'éveilla chez le peuple un sentiment de la sainteté de la possession, que les classes dominantes s'efforcèrent de développer. Chaque année faisait surgir de nouveaux débats qui démontraient aux propriétaires la nécessité de recourir à la loi, de se soumettre au juge et d'appuyer l'autorité qui devait donner à la sentence une valeur incontestable. Ainsi donc, c'est au Nil que l'on doit l'origine de la législation et de la vie politique organisée. » Celui qui parle ainsi est le docte historien du droit antique, Schweinfurth.

.˙.

Au ciel que nous vîmes hier incendié des flammes du couchant, s'ouvrent à présent les

vastes lacs de l'aurore. Il n'y a pas un nuage,
pas même une effilochure de gaze blanche à
l'horizon. Tout est d'azur et d'or, d'un or très
doux, d'un or qui brille à peine, d'un azur qui
se combine avec de tendres nuances d'améthyste, avec des reflets ténus de roses, avec de
claires teintes de perles. A l'Orient, les rayons
du soleil escaladent les hautes falaises arabiques, et vont illuminer, de l'autre côté du fleuve,
les montagnes dénudées de la Cordillière libyque
dont les crêtes capricieuses se détachent, avec
des délicatesses de dentelle, sur le fond céleste.
Avant de revêtir leur manteau cendré et de se
fondre dans l'accablement torride du jour, les
roches qui marquent les limites du désert,
s'éveillent dans de légers reflets mordorés. Nous
traversons des endroits où les bandes de terre
végétale sont larges. Le désert n'apparaît que
dans des lointains qui n'effrayent pas. Les palmiers gigantesques et les mimosas fleuris om-
bragent les rives du fleuve. Tout parle de
richesse, de travail heureux, de vie tranquille.
Les eaux sont claires et leur courant est imper-
ceptible. La limpidité de l'air, jamais vue telle
ailleurs, nous fait éprouver la sensation de
vivre dans un paysage de cristal. Une fraîche

alacrité anime les êtres et réjouit les choses, donnant à tout ce qui nous entoure un sourire de béatitude.

Notre embarcation avance, légère, au rythme trépidant de son hélice qui laisse derrière elle un sillon blanc, dans lequel la lumière fait sautiller et scintiller les plus fabuleuses pierreries. A chaque instant, d'autres embarcations, plus modestes, simples felouques d'indigènes, noircies par le temps, passent près de nous, leurs très hautes voiles déployées. Elles ne portent pas de touristes curieux, ni de scrutateurs de mystères antiques, mais d'humbles trafiquants. Sur leurs ponts ouverts, les charges de coton et de blé s'entassent sans ordre apparent. Les mariniers chantent des mélopées dont les échos apaisés arrivent jusqu'à nous, sur les vagues de la brise. Tout chante dans cette clarté joyeuse, tout, jusqu'à la fatigue, jusqu'à l'inquiétude, jusqu'à la peine. Quand nous levons l'ancre, le patron, debout à la proue, demande à Allah ses bénédictions pour le voyage... C'est le chant mystique du départ. Des chaudières, monte ensuite un murmure lent, qui se propage à travers le navire, en ondes étranges... C'est le chant des chauffeurs qui accompagnent d'un refrain

chaque pelletée de charbon. Des rives les plus
proches, nous viennent de calmes et graves
psalmodies que la distance disperse et adoucit...
Ce sont les rauques chansons des puiseurs
d'eau. Des barques qui, aux approches des
villages, nous abordent chargées de régimes de
dattes, monte une modulation cadencée d'incom-
préhensibles syllabes... C'est l'éternelle chanson
des rameurs. Du milieu des fourrés des îles,
s'exhale un rythme aigu en lequel il y a de la
flûte sylvestre et aussi du gazouillement d'oiseau
sauvage... C'est la chanson des chevriers. Le
vent même, en passant entre les cordes et les
toiles de notre tente, nous laisse une chanson
très douce qui dit la gaieté des heures matinales.

Oh! les aurores exquises du Nil, toutes
pareilles en leur grâce céleste, comme sont invariables les soirs, en leur apothéose pourprée!...

*
* *

Suivant les indications de nos itinéraires his-
toriques, nous tâchons de découvrir, sur les
rives du fleuve, les antiques cités dont les fastes
remplissent encore d'étonnement l'âme des
mortels. Là, les pharaons construisirent leurs

hypogées ; là, s'élevèrent des palais magnifiques ; il y eut, là, des temples de dieux singuliers. Et les noms antiques murmurent à nos oreilles leurs rythmes imprégnés d'évocations. Mais le regard ne découvre nulle trace de ces lointaines splendeurs. Où est Tep-Yeh, la ville de l'Aphrodite égyptienne dans les ruines de laquelle vécut ensuite saint Antoine, entouré d'images amoureuses ?... Où, les sanctuaires d'Hershef, le dieu à tête de bouc ?... Où, l'autel érigé, dans une de ces îles, par les souverains de la vingt-deuxième dynastie ?... Où, l'étrange Cynopolis, la métropole des chiens, la ville des rites du culte canin ?... Où, la riche Tanis, célèbre par ses statues colossales de Ramsès III ?... Où, les édifices extraordinaires de Khmounou, la capitale du dieu de l'écriture et de la science ?...

Les seules choses qui nous restent le long du fleuve pour nous orienter dans le labyrinthe du passé, ce sont quelques pyramides dont les sommets commencent à perdre leur forme angulaire.

En général, dans les lieux anciennement peuplés d'édifices magnifiques, on ne trouve que de misérables villages de paysans. A la vérité, toutefois, en disant misérables, je n'exprime

pas loyalement l'impression qu'ils produisent.
Rien en eux n'offre le spectacle sordide, sale et
ruineux des localités de Syrie, de Palestine ou
de Tunisie. Vus du bateau, ceux qui sont le
plus près, ont, pour nous, d'agréables surprises.
Leurs maisons, loin d'affecter l'invariable forme
cubique de l'architecture rurale arabe, reproduisent des modèles d'une capricieuse variété.
Les matériaux de construction sont toujours le
torchis brun, fabriqué avec la boue du Nil :
mais les lignes architectoniques sont pittoresques. Quelques-unes de ces chaumières ont
l'aspect de châteaux féodaux en miniature avec
leurs grosses tours d'angle, et leurs corniches
crénelées; d'autres ressemblent à des temples,
avec leurs aiguilles humbles sur la terrasse; il
n'est pas jusqu'aux plus vulgaires qui ne possèdent quelque dentelure fantastique, quelque
pigeonnier absurde, quelque cintre ajouré. Et
pour diminuer l'effet monotone et désagréable
de la terre cuite, les fellahs s'amusent à sus-
pendre aux murs extérieurs les produits grossiers et voyants de la poterie locale. Les ruelles
non plus n'ont pas la tristesse opprimante des
villages du Moghreb ou de l'Arabie. Une foule
active les anime. Entre les files de chameaux

qui portent sur les rives du fleuve les produits de la Haute-Egypte vers les ports du Delta, les villageois forment un continuel cortège bruyant. Le fils de cette terre féconde n'a ni le caractère rêveur, ni les lentes attitudes de ses frères des lointaines oasis. Accoutumé à se pencher sans cesse pour puiser l'eau des canaux et arroser les champs, il a acquis, à travers les siècles, une grande souplesse de mouvements et un incurable amour de l'air libre. Sous le moindre prétexte il rit, court, crie. Le spectacle éternellement changeant des crues le maintient dans une constante agitation de l'esprit. Le Nil est sa vie; il faut qu'il vive près du Nil; sa plus grande joie est de voir le Nil.

* *

Pour que les Égyptiens ne puissent un seul instant perdre la notion mystique du fleuve sacré, le désert étale toujours, sur l'un et l'autre bords, les images de la soif, de la désolation, de l'épouvante. Dès que le fellah lève les yeux, les sables présentent à sa vue toutes les menaces de la mort. Ondulant en dunes cendrées ou brisée en défilés granitiques, l'immense solitude

surgit à plus ou moins grande distance de l'eau.
Et le campagnard qui ne peut voir cette région
sans un superstitieux effroi, incline religieuse-
ment chaque soir, sa tête vers l'eau bienfai-
sante; et, comme pour un miracle éternellement renouvelé, comme pour un don toujours
inouï, lui rend ses humbles actions de grâce de
l'avoir sauvé du monstre de pierre dévorateur
de toute vie, qui, aux limites de la terre noire,
ouvre sa gueule enflammée dans l'espoir qu'un
jour, enfin, après quelques millions de siècles,
l'onde finira par s'épuiser, et que la proie qui,
jusqu'à aujourd'hui, lui a résisté, tombera de
nouveau entre ses griffes.

Par l'imagination plus que par les yeux,
nous contemplons en les interminables friches
qu'on distingue vers l'Est, un paysage d'évocations qui tient la moitié de l'Orient. Dans la
pénombre du soir, surtout, quand l'incendie du
soleil est terminé, quand les étoiles commencent
à illuminer le vaste ciel obscur, le monde dans
lequel nous vivons s'élargit en d'hallucinantes
immensités qui embrassent tous les siècles de
l'épopée antique.

Là, au fond, nous voyons les vieilles métropoles égyptiennes; et plus loin, les syriennes;

et plus loin, les chaldéennes... La civilisation splendide qui parvint, il y a des milliers d'ans, jusqu'aux régions baignées par l'Euphrate, naquit ici, sur les rives de cet autre fleuve sacré. Ninive, Babylone, Petra, Baalbeck, Tyr, Sidon, toutes les métropoles dont les noms composent le grand hymne légendaire, reçurent de ce peuple les plus beaux enseignements. Les pharaons de Thèbes portèrent jusqu'au royaume d'Assour, dans le fracas de leurs armes victorieuses, la grande leçon de leurs arts, de leur culture, de leur justice et de leurs rites. Il n'y eut pas en Orient un seul peuple qui n'apprît quelque chose dans les livres de la science égyptienne. Les dieux grecs eux-mêmes, si nobles et si harmonieux, sont fils des dieux de Memphis, de Thèbes et de Bubaste. En sa fabuleuse opulence, la terre de Sésostris partageait des trésors de civilisation, sans crainte de s'appauvrir. Depuis Saïs jusqu'à Gargamish, les hommes virent avec stupéfaction le vol des faucons sacrés d'Ammon. Partout les stèles érigées par Ramsès II conservèrent pendant des siècles et des siècles la mémoire de merveilleuses aventures. Et le plus étonnant, ce fut que ni les efforts matériels, ni les gaspillages de sang, ni

les ambitions de domination, ni les raffinements
de la civilisation n'affaiblissaient cet empire.
Quand tous les royaumes aux noms illustres
disparurent; quand il n'y eut plus ni Assyrie,
ni Babylonie, ni Phénicie; quand les Hébreux
furent dispersés; quand les Grecs même com-
mençaient à perdre leur prestige et leur force,
la vieille Égypte restait encore, avec ses
pharaons de la dynastie des Ptolémées, pleine
de vie, pleine de splendeurs. D'Alexandrie, fille
de Thèbes et de Saïs, partit la déesse Isis pour
conquérir les îles de la Méditerranée et parvenir
jusqu'à Rome.

XI

LE SECRET DES TEMPLES

Les ruines gigantesques. — Les colosses et les colonnades. — La beauté des sanctuaires. — Le Pharaon dieu vivant. — Ce que disent les murs. — Les restes des palais. — Splendeurs impériales. — Les demeures d'Ammon. — Le temple de Louxor. — Ammon homme-dieu. — L'existence divine. — Processions et audiences. — La religion familière et humaine.

Depuis que nous avons posé les pieds sur la terre thébaine, mon guide a changé d'attitude. Je ne peux lever les yeux pour contempler quelque chose, sans que sa docte éloquence n'éclate. Sa réserve, un peu dédaigneuse devant les monuments arabes du Caire qui datent à peine de dix ou douze siècles, a disparu. Ici, il faut que nous nous arrêtions devant chaque pierre; il faut que nous scrutions les coins les plus cachés. Je m'efforce en vain de lui faire comprendre que ma pauvre âme frivole et ignorante n'a pas de grands besoins archéologiques. Inflexible, il m'oblige à entendre sa sempiternelle conférence, et, en tout lieu, dresse sa chaire et parle, parle, parle... Parfois, au charme de sa parole, réellement savante, les temples s'animent, les ombres des prêtres d'Ammon se lèvent, les rois hiératiques descendent de leurs hauts piédestaux. Mais, pour un instant de simple et inconsciente évocation, que de dates, que de détails qui ne pourraient intéresser qu'un égyptologue!

Mon ami Simon Lieborich, en me plaçant sous la tutelle de ce guide, m'avait dit : « C'est un homme qui sait plus que Maspero ». J'observe maintenant que non seulement il sait, mais qu'il désire aussi m'obliger à savoir. En son enthousiasme, il irait jusqu'à m'enseigner à lire les hiéroglyphes des temples. « Rien de plus facile », s'écrie-t-il. Et, du bout de son vieux parasol vert, il me montre les cartouches qui portent, parmi des hiboux gracieux et d'étranges serpents, les noms des rois. « Plus la cartouche est simple, m'explique-t-il, plus ancien est le Pharaon qui l'employait. Voyez celui du premier souverain, celui de Ménès : il n'a qu'un peigne, une spirale et une faux. Au contraire, celui de Séti contient déjà sept signes; quant à celui de Cléopâtre, les images en sont au nombre de vingt-cinq. »

Pendant qu'il bavarde, je me délecte silencieusement à contempler les jeux divins de la lumière dans les ruines gigantesques.

Oh! l'extraordinaire, l'invraisemblable magie des nuances dans ces soirs thébains, au pied de ces montagnes qui semblent des décors de théâtre!... Dans la plaine, les sanctuaires en ruines s'animent avec des illuminations de féerie. Le soleil pénètre entre les colonnes et constelle les plafonds d'étoiles d'or. Parfois, un seul pilastre offre toute une gamme de nuances, grâce aux tons rosés de son chapiteau et aux douceurs violacées de son socle. Les figures polychromes des murs s'animent sous les agitations irisées des rayons légers du soleil, que l'on dirait tamisés par des voiles d'améthyste et de rubis. Dans les angles intérieurs, où la pénombre triomphe de la clarté dans leur lutte de demi-teintes, les pierres se couvrent de mystérieuses taches phosphorescentes. Mais, dès que nous nous approchons des vastes espaces libres, les colonnes et les plafonds se baignent dans de délicieuses lueurs. A chaque moment, une de ces figures de carmin, qui perpétuent dans les vestibules la grâce svelte des princesses lointaines, s'étire comme une flamme. Dans l'atmosphère diaphane, il n'y a pas un détail qui ne s'anime, pas une ligne qui n'apparaisse en pleine valeur, pas un relief qui ne palpite. Et, plus encore que les merveilles intimes des temples, leurs grandes masses extérieures nous impressionnent. Le soir, particulièrement, les silhouettes monumentales, baignées dans le crépuscule, se détachent avec une majesté fabuleuse. Tout est disposé avec un art suprême à l'endroit qui lui convient le mieux. Hier, comme nous revenions de Medinet Habou, deux gigantesques apparitions sortirent à notre rencontre. Enveloppées de l'ombre de la nuit tombante, elles semblaient les gardiens nocturnes du désert. On ne voyait ni leurs visages, ni leurs bras, ni leurs torses. C'étaient deux masses énormes, fantomatiques et informes. Mais il y avait dans leur contours quelque chose qui dénotait la vie. « Les colosses de Memnon », murmura mon guide. Je m'arrêtai pour frissonner longuement devant eux du frisson du surhumain. Et, tandis que je me taisais, mon compagnon me narrait l'histoire de l'humble scribe d'Atribis qui, élevé au rang de ministre par Aménothès III, fit sculpter les deux terribles monolithes. « Ce fut, murmure-t-il, un grand plébéien, fils d'un cordonnier et qui, à force d'intrigues, se fit diviniser. »

Que sont les hommes et leurs préjugés de caste et leur orgueil de race, à côté de cette humanité de granit? Le champ interminable des tombes s'étend à nos pieds. Cent civilisations gisent sous cette terre. De ce qui fut vie, mouvement, agitation, amour, seule, l'image subsiste, dans les bas-reliefs des hypogées. Par contre, les géants de calcaire sont toujours là, aussi jeunes qu'au premier jour où ils apparurent au monde épouvanté. La véritable idée de l'Égypte antique se trouve dans ces masses surhumaines. Devant les colonnades de Karnak, devant les Ramsès de Louxor, devant les colosses de la plaine de Thèbes, la formidable grandeur de la plus ancienne civilisation surgit. Là, les sensations légères qui, au musée du Caire, au milieu des tout petits meubles, des visages mutins et des humbles bijoux, nous font évoquer les siècles des Pharaons les plus illustres comme des époques aussi dépourvues de grandeur que la nôtre, s'évanouissent dans une atmosphère de divines énormités. A l'ombre de ces murs fantastiques, ce n'est pas la vie réelle d'il y a trois mille ans qui apparaît à notre vue, mais l'existence hiératique de ces dynasties de dieux et de rois qui, dans le secret des sanctuaires, arrivaient à confondre mystérieusement leurs grandeurs.

.˙.

Il suffit de lire l'histoire officielle d'un quelconque des grands Pharaons thébains pour nous rendre compte de la fraternité qui règne entre le souverain et ses idoles tutélaires. « Le roi des deux Égyptes, Ousirmari-sotpounri Ramsiso-Miamoun, — dit le biographe de Sésostris, — résolut, ce matin-là, d'aller au temple d'Ammon, afin de voir le dieu et de concerter avec lui. » Le roi, en effet, est un dieu de même qu'Ammon. C'est le dieu vivant. Ses vêtements et ses insignes sont célestes. Entre ses statues et celles des autres divinités, il n'y a aucune différence. Le serpent qui se dresse au centre de son diadème est un animal sacré, qui, dans les combats, entoure son maître d'un cercle de feu et le rend invisible, intangible, invincible. Les hommes qui veulent adresser une supplique à

Ra, se prosternent devant les images du Pharaon qui étant son représentant sur la terre est en perpétuel contact avec lui. « Roi-Dieu », l'appellent-ils. C'est que sa famille descend en ligne directe du Soleil. Aussi, ses enfants se marient toujours entre eux, conservant par cet inceste mystique le sang auguste sans la moindre tache. Dans certains cas, il est vrai, la nature, rebelle à la loi suprême, n'accorde aux rois qu'un fils ou une fille, et l'hymen ne peut se célébrer selon le rite primitif. Alors, la chaîne dynastique se rompt naturellement. Mais la succession surnaturelle n'en est pas interrompue. Par le seul fait de régner, le nouveau souverain est introduit dans la famille des dieux. Les dieux sont toujours ses complices. Thoutmès III, l'usurpateur, explique de la façon suivante son fameux coup d'État : « Je me trouvai dans le temple au moment où se célébrait une fête sur la terre et dans le ciel. L'éclair tourna plusieurs fois autour de la salle hypostyle : le chœur ne savait pas ce que le dieu cherchait et c'était Sa Majesté. Quand il me reconnut, il s'arrêta. Je me prosternai. Je me plaçai devant lui et me trouvai ainsi à la place du roi. Alors se révélèrent devant le peuple les secrets qu'enfermait le cœur du dieu et que nul ne connaissait. Il ouvrit pour moi les portes de l'horizon. Je pris mon essor vers le ciel comme un épervier divin et je vis les formes glorieuses du dieu de l'horizon. Ra lui-même me nomma roi, et je fus consacré avec les couronnes qu'il avait sur sa tête, et son serpent se plaça sur ma tête. Je reçus les dignités d'un dieu et mon nom royal. » D'autres fois, lorsqu'il s'agit de monarques qui n'ont ni fils ni filles, le Dieu des dieux descend en personne, si c'est nécessaire, et contribue par son souffle, comme le Zeus hellénique, à la création des êtres privilégiés.

Les trois premiers rois de la cinquième dynastie naissent des amours de Ra avec l'épouse d'un prêtre de Sakhibou. Quand, plus tard, Toutmès IV se désespère de manquer de descendance, le même Ra intervient dans sa vie conjugale et lui donne un fils qui est Aménotpou III. Mais ces incarnations par œuvre et grâce divines n'ajoutent rien à l'essence même des familles régnantes.

La sainteté du pharaon est dans sa propre nature. « Chaque mouvement, chaque action du souverain — dit Maspero — est comme un acte de son culte et se célèbre par des chants et des hymnes solennels. S'il donne une audience, celui qu'il admet à le contempler ne l'approche qu'avec des formules d'adoration. S'il convoque ses conseillers pour une affaire urgente, les grands du royaume ouvrent l'audience par une sorte de service religieux en son honneur. Figurez-vous un Ramsès II assis sur son grand trône d'or, avec le diadème à deux plumes sur la tête. Il s'agit de trouver le moyen de faire parvenir des travailleurs jusqu'aux mines de Nubie entre le Nil et la mer Rouge. Les conseillers s'agenouillent devant le Dieu bon, le visage contre le sol et les bras levés. Après avoir entendu Sa Majesté, ils lui répondent : « Tu es comme Ra, en tout ce que tu fais; et les désirs de ton cœur se réalisent immédiatement. Si tu penses à quelque chose pendant la nuit, à la pointe du jour c'est déjà fait. Nous avons vu beaucoup de tes miracles et nos yeux ne connaissent rien qui les égale. Tout ce qui sort de ta bouche est comme des paroles de Harmakhis. Ta langue pèse et tes lèvres mesurent mieux que la balance de Thot. Qu'y a-t-il que tu ne connaisses pas? Qu'y a-t-il que tu ne voies pas? Si tu dis à l'eau de tomber sur le désert, les eaux célestes tomberont, parce que tu es Ra incarné, Khopri fait réalité. Toumou vivant. Le dieu qui ordonne est dans ta bouche ; le dieu de la sagesse dans ton cœur. Tu es éternel, aussi obéissons-nous à tes ordres et agissons-nous conformément à tes désirs, ô Seigneur! » Effectivement, de même qu'Osiris est le dieu de la mort et Athor la déesse de l'amour, et Ammon le dieu du soleil, le pharaon est dieu de la terre. Tout l'univers lui appartient. L'Égypte n'est que la place de son trône, quelque chose comme la contrée choisie pour sa naissance et pour sa vie. Le reste du monde complète ses domaines. Les peuples qui ne sont pas soumis à sa puissance s'appellent, en langage officiel, fils des rebelles. »

Les rois lointains ne sont que des esclaves qui attendent le joug. Un jour ou l'autre, le monarque tout-puissant ira en personne prendre possession de son immense empire. Au seul bruit de son nom, ceux qui se croient les plus puissants sentiront qu'ils ne sont que de misérables sujets de l'unique roi des rois. La correspondance entre Aménophis III et les souverains asiatiques donne une idée suffisamment exacte de l'air de supériorité avec lequel les pharaons traitent leurs alliés et leurs rivaux. Sa Majesté Kallema-Sin veut avoir des nouvelles de sa sœur qui est une des favorites du monarque égyptien, et lui envoie un ambassadeur qui, en se trouvant devant les cent princesses du harem royal, ne reconnaît pas celle qu'il cherche. Avant de retourner à sa patrie, déconcerté et humilié, le diplomate barbare reçoit du pharaon le message suivant : « Dis à ton seigneur et maître que je désire avoir sa fille pour épouse. » Kallema-Sin répond : « Comment peux-tu me demander ma fille, alors que ma sœur, que mon père t'a donnée, est dans ton palais, sans que personne la puisse voir, sans même que nous sachions si elle vit encore ou si elle est morte? » La réplique d'Aménophis est dédaigneuse et ironique : « Tu ne m'as pas envoyé, dit-il, un ambassadeur digne, par ses qualités et ses titres, de sa mission; si tu avais envoyé un homme qui eût connu auparavant ta sœur, il l'aurait reconnue parmi mes autres femmes et aurait pu lui parler; mais les messagers que tu m'envoies sont gens de basse condition. » Quelques rois de Babylone, encouragés par les munificences de certains pharaons qui leur envoient des sacs pleins d'or et de pierreries, osent demander la main de princesses égyptiennes.

Un de ceux-là, se plaignant du dédain avec lequel ses plénipotentiaires sont traités, écrit au roi des rois de Thèbes : « Quand je te demande une de tes filles comme épouse, tu me réponds que jamais une fille des rois de la nation n'a été donnée à un étranger. A cela, je te réponds que si tu devais me la donner sans plaisir, il vaut mieux que tu ne me la donnes pas. Tu n'as pas de bons procédés pour moi. A la manifestation de ton désir de resserrer nos relations par un mariage, je t'ai répondu avec toute la tendresse d'un frère, et maintenant que je t'exprime mon désir, tu me refuses une de tes filles. Si je t'avais refusé quelque chose, je le comprendrais ; mais toutes mes filles sont à ta disposition et je ne te refuse rien. » Cette lettre ne doit avoir provoqué à la cour de Thèbes que des sourires d'ironique indignation. Un roi barbare qui se permet de lever les yeux sur les princesses de sang sacré ?... Un Sésostris aurait châtié sévèrement cette insolence. Le véritable langage protocolaire des souverains d'Asie, soumis à l'influence ou au pouvoir des pharaons, est d'une humilité qui montre la sainte terreur que le roi des rois, fils d'Ammon-Ra, inspire partout. « Moi, — écrit à Aménophis IV un chef syrien, — moi, khazanou de la ville, ton serviteur, poussière de tes pieds, sol que tu foules, planche de ton trône, escabeau de tes sandales, serviteur de tes chevaux, je me traîne à tes pieds sept fois, ô Seigneur, soleil du ciel ! »

.*.

Comment peuvent être les palais de tels monarques ?... Par l'imagination, nous les reconstruisons, dans ces plaines, en essayant de les faire dignes des temples qui se conservent encore dans toute la splendeur de leurs formidables architectures. Pour loger ses cent femmes, dont chacune a sa suite, le pharaon a besoin d'appartements immenses. Pour ses gardes, pour ses ministres, pour ses prêtres, pour ses serviteurs, il lui faut aussi des galeries énormes. Mais ce sont les salles d'apparat où se dresse le trône qui doivent montrer le plus de luxe. Les hommes-dieux qui, sous le moindre motif, envoient des caravanes chargées de sacs d'or et de pierreries aux monarques alliés, ont naturellement réservé, pour orner leurs propres demeures, d'invraisemblables trésors. Le vieil Hérodote, en visitant le Labyrinthe, qui fut un palais royal avant d'être changé en temple, dit : « Je crois que même en réunissant tous les édifices construits par les Grecs, on n'arriverait à donner une idée de ce monument, malgré la juste renommée des temples d'Éphèse et de Samos. » Douze immenses cours couvertes formaient le centre de ce monument et, autour des cours, se trouvaient les fameuses chambres dans lesquelles se perdaient ceux qui n'étaient pas initiés au secret de leur architecture. « Les plafonds — ajoute Hérodote — sont tous de marbre, ainsi que les murailles, et les murailles sont couvertes de figures sculptées ; chaque cour a un péristyle de marbre blanc ; à l'angle qui termine le labyrinthe, on voit une pyramide de quarante orgyes de haut, décorée de sculptures. » Un autre historien grec, Diodore de Sicile, parle des innombrables monuments d'or, d'ivoire, d'onyx et d'argent que l'on voyait à Thèbes. De tant de merveilles, les seules qui subsistent encore sont les temples. Les alcazars et les jardins ont été ensevelis sous les sables du désert.

Il y a quelques années, un archéologue anglais, Newberry, eut la chance de découvrir les bases du palais d'Aménothès III, sur les pentes des montagnes libyques, à peu de distance du sanctuaire de Médinet-Habou. De même que tous les pèlerins d'Égypte, j'ai visité ces ruines, essayant de trouver dans leurs vestiges quelque chose qui me parlât de la vie intime d'un grand pharaon. Par malheur, le langage des décombres n'est clair que pour les savants. Là où un Gayet, un Maspero, un Bissing ou un Reisner découvrent des labyrinthes de pièces et de galeries, nous ne voyons, nous, les profanes, que d'informes amoncellements de briques. « Il y eut là d'admirables jardins, — dit l'archéologue; — là, les femmes du roi eurent leurs gynécées; là, les officiers de l'escorte jouissaient de tout le luxe antique; là, les almées ondulaient au son des flûtes; là, enfin, le grand Aménothès, entouré d'une suite brillante, recevait les ambassadeurs des rois asiatiques avec une solennité sacrée. » Mais, pour tant que nous y mettions de bonne volonté, nous, les profanes, nous ne voyons là que des murs écroulés et des tas informes de décombres. Pour trouver une image de la vie de la cour, un relief quelconque des hypogées ou dès temples nous paraît plus éloquent que les restes du palais d'Aménothès.

* *

Sur les murs couverts de figures multicolores, en effet, le pharaon apparaît en toute la magnificence raffinée et barbare de son existence de dieu-tyran. Le peuple entier, prosterné à ses pieds, lui rend des hommages sacrés. Autour de lui, les guerriers sont immobiles, arc en main, lui formant une perpétuelle garde d'honneur. La reine, sa sœur, fille comme lui du Soleil, est à son côté, partageant avec lui le pouvoir suprême et, derrière elle, formant un cercle splendide, les autres épouses royales enveloppées de leurs transparentes gazes de gala. Les scribes agenouillés inscrivent respectueusement les paroles qui se prononcent pendant les audiences. A quelques pas, les cuisiniers et les échansons préparent le festin qui doit se célébrer après la réception officielle. Sur la table, on voit tous les volatiles, tous les gibiers, tous les poissons que le rituel culinaire estime dignes de Sa Majesté. Les vins blancs et les vins rouges, les bières et les eaux parfumées remplissent les jarres aux formes capricieuses. Sur une estrade, attendant

un signe du maître des cérémonies, les almées
se préparent à danser, secouant rythmiquement
les colliers qui ornent leurs seins ambrés. Les
mages de la cour examinent les mets pour y
découvrir les plus légers signes propices ou
néfastes. Les fonctionnaires et les officiers, dans
leurs habits de parade, conservent des postures
hiératiques, prêts à entonner l'hymne à la divinité pharaonique dès que la fête commencera. A
la porte, un nombre immense de prêtres, revêtus
des insignes du culte, forment une double haie
au milieu de laquelle doit passer le souverain,
quand, après l'orgie, il se dirigera vers le temple
pour visiter ses frères, les grands dieux de
Thèbes. Et dans les rues, sur les places, à
l'ombre des pylônes gigantesques, sur les rives
du fleuve sacré, ou entre les sphinx des larges
avenues, c'est le même étalage de serviteurs
empanachés, de cortèges d'officiers et de gardes
hiératiques, qui attendent, sous l'envol des étendards mystiques et entourés de la fumée des
encensoirs, l'apparition de l'homme divin. Un
rythme traditionnel anime la vie de la multitude
officielle. Les longs clairons des hérauts annoncent que le seigneur des Diadèmes, le fils du
Soleil va passer dans son palanquin d'or, la cou-

ronne de serpents au front. Un grand murmure d'adoration s'élève. Les cantiques remplissent l'espace. Les musiques stridentes éclatent. Et tout ce peuple de pontifes, de scribes, de guerriers et de jongleurs se prosterne, la face contre le sol, dans une attitude d'infinie humilité devant la grandeur surhumaine du pharaon qui se dirige, lent et rigide, tenant à la main la clef de la vie, vers le temple où, fraternellement, le dieu des dieux l'attend.

*
* *

Si, pour évoquer dans son véritable cadre le faste de la cour, il ne nous reste que des champs de ruines informes, en revanche, pour reconstituer l'existence religieuse dans une atmosphère de réalité, nous avons les temples presque intacts. Même les sanctuaires qui ont le plus souffert des injures du temps et des hommes, comme le Ramesseum et le Déîr-el-Baharî, conservent les lignes générales de leur architecture. D'autres, comme celui de Denderah, pourraient, sans qu'il soit besoin de restaurations, servir à la célébration du culte aussi bien que le jour où les dieux furent exilés par les rois étrangers. Les plus vastes, ceux de Karnak et de Louxor, quoique moins bien conservés que le sanctuaire d'Athor, nous offrent, dans l'ensemble, les éléments indispensables à la résurrection des splendeurs millénaires. A peine avons-nous pénétré dans les immenses forêts de colonnes, que tout ce qui est vie moderne s'évanouit. L'atmosphère des siècles fabuleux où les dieux étaient des êtres vivants, avec des passions et des besoins pareils à ceux des hommes, nous entoure de ses vapeurs magiques. Et, nous sentant isolés du temps et de l'espace par les murs formidables, nous nous enfonçons, peu à peu, dans l'âme de l'Égypte sacrée, dominés par les plus étranges idées d'humilité. Au pied de ces colonnes colossales, devant ces statues gigantesques, dans ces interminables galeries, nous sentons réellement notre lamentable petitesse et nous nous demandons si les constructeurs de si grandes merveilles n'étaient pas d'une espèce supérieure à la nôtre. Depuis que le monde est monde, aucun peuple n'a pu édifier un temple aussi immense que le temple de Karnak. Mais ce n'est pas l'énormité seulement que nous admirons à Thèbes. C'est le beau, le fini, le parfait, le brillant. Chaque colonne est un bijou, avec ses reliefs polychromes et ses chapiteaux fleuris. Sur les murs courent, en théories pleines de vie et de couleur, les images de l'existence sacrée. Surtout dans le temple de Louxor, qui est celui qui m'attire le plus, la pensée des mystères religieux apparaît avec une clarté extraordinaire (1).

(1) « Il est le moins dégradé des temples thébains et le plus beau. Déîr-el-Bahari l'emporterait peut-être pour ses trois terrasses superposées et pour ses portiques, si les chapelles du haut n'y étaient pas de dimensions si mesquines. Le Ramesseum n'est plus que la moitié de lui-même, moitié de pylône, moitié de parvis, moitié d'hypostyles, et rien n'y subsiste plus du Saint des Saints. Derrière ses portes triomphales et ses cours immenses, Médinet-Habou ne montre que des arases de murailles et des tronçons de colonnes. Karnak offre ses parties colossales dont aucun édifice au monde n'égale la puissance, mais les pharaons y ont travaillé plus de dix siècles sans s'inquiéter d'y coordonner leurs efforts : il n'y a pas assez loin des splendeurs massives de la salle hypostyle aux étroites proportions du sanctuaire de granit, et pour le reste, qui des visiteurs réussirait à s'y orienter parmi les décombres, s'il n'était guidé par un archéologue de métier? Louxor est grand sans être monstrueux. Son plan, bien conçu et bien équilibré, se déploie avec ampleur, et du mur de fond à la façade on y suit aisément la pensée de l'architecte ; nulle part les concepts que l'Egypte s'était forgés de la nature des dieux et de leur culte n'apparaissent aussi clairs qu'en lui. Je l'ai parcouru à mainte reprise, depuis que je le déblayai presque entier il y a trente ans, et jamais je ne me suis lassé d'en admirer l'ordonnance ni d'en expliquer le détail aux amis qui ne craignaient pas de s'y aventurer avec moi. — G. MASPERO. »

« Il suffit de déchiffrer les hiéroglyphes de ses murs — disent les archéologues — pour voir revivre Ammon, entouré de ses prêtres et de ses fidèles. » Je confesse humblement que les hiéroglyphes sont toujours des hiéroglyphes pour moi. Pour tant d'efforts que je fasse, je ne réussis même pas à distinguer le cartouche d'un Ramsès de celui d'un Séki. Mais mon cicerone m'assure qu'il n'y a ni serpent, ni hibou, ni ibis, ni scarabée qui ait des secrets pour lui. Aussi, écoutant ses doctes gloses, sans songer qu'elles sont des rapsodies apprises par cœur dans des livres, je le suis attentivement par les labyrinthes du passé et j'essaie de ne perdre aucune de ses paroles. Quand un de mes gestes paraît lui indiquer une ombre de doute, il me dit, devenant très sérieux :

— Demandez à n'importe qui s'il y a quelqu'un à Thèbes qui en sache plus long que moi en ces matières !

Et si, par distraction, il m'arrive d'ouvrir le Bædeker devant une figure de granit, il s'écrie d'un air dédaigneux :

— Ne lisez donc pas cela !...

Pour lui plaire, je ne lis rien. Je ne fais qu'écouter, écouter et me taire, me taire et rêver. Sous l'action de sa parole lente, prolixe et monotone, le vaste édifice se peuple d'ombres vénérables. Et ces ombres ne sont pas que de pures créations de la fantaisie exaltée. Ah! non... Le peuple de Louxor sait qu'en certains jours, à l'heure du crépuscule, les antiques processions de fidèles apparaissent dans la pénombre de la salle hypostyle, escortant la barque sainte qui vient de Karnak.

— Quand M. Maspero, il y a trente ans, entreprit des travaux pour mettre à jour ce temple qui était enseveli dans le sable, — m'assure mon cicerone, très sérieux, — les habitants du village lui dirent qu'à certaines époques de l'année, le grand sanctuaire se remplissait de fantômes. Le savant archéologue se riait des pauvres villageois et, très souvent, venait se promener, seul, parmi les colonnes. Une nuit, en sortant des chambres d'Ammon, il se vit tout à coup entouré de noires momies qui conduisaient en silence une barque mortuaire. Un prêtre marchait en tête de cette procession d'ombres. Depuis lors, M. Maspero ne vint plus jamais après le coucher du soleil.

*.

Les ombres que nous voyons ne sont pas noires. Pas davantage silencieuses. Enveloppées dans leurs vêtements clairs, avec leurs tabliers de mille couleurs, serrés aux hanches, et les torses nus, elles se meuvent et chantent sans nous inspirer aucune terreur. Plus heureux que ceux du grand égyptologue français, ces fantômes n'ont pas à leur tête un simple prêtre, mais le dieu des dieux en personne. Plutôt que des sanctuaires, dans le sens que les autres peuples donnent à ce mot, les temples de Thèbes sont les foyers des divinités tutélaires. A Louxor, Ammon-Ra vit entouré de ses femmes, de ses enfants, de ses serviteurs et de ses esclaves. Les reliefs des murs nous conservent les actes de son existence familière en tous ses détails. Nous savons jusqu'à ce qu'il mange et boit. Les menus de ses festins sont ici scrupuleusement inscrits, comme ceux des momies dans les grandes hypogées. De même, en effet, que les pharaons sont des hommes-dieux, les divinités célestes sont des dieux-hommes, avec toutes les faiblesses, tous les désirs et tous les caprices des mortels. Le matin, au réveil, Ra appelle ses valets de chambre pour faire sa toilette. Le prêtre de catégorie supérieure, s'approche de la personne sacrée, la parfume, l'habille et lui pose ses diadèmes. Ensuite, les majordomes entrent portant le déjeuner composé de douze plats succulents. Tandis que le dieu mange, le clergé célèbre les premiers offices en son honneur, récitant les formules qui maintiennent vivante, dans l'âme des mages, la substance sublime. Les divinités primitives, créatrices de l'énergie universelle, Horus, Phtah, Ra et Ammon, reçoivent directement le fluide qui les anime d'une source cachée dans le ciel. Mais le dieu de Louqsor n'est qu'un fils ou, pour mieux dire, un *double* de l'Ammon de Karnak, et a besoin que les prêtres lui transmettent les incarnations de son père. Un jour par an, la présence même de ce père lui est indispensable pour renouveler les forces de son sang.

C'est alors que se célèbre la grande procession, qui dure quinze jours, pendant lesquels le souverain, renonçant jusqu'à un certain point à son isolement hiératique, consent à participer aux réjouissances populaires. Animée par de copieuses libations, la plèbe oublie ses travaux et ses peines. La cité entière chante, danse, crie et s'agite. Le protocole ne conserve sa rigidité que dans les pièces intérieures du temple, où seuls pénètrent, accompagnant la barque sainte de Karnak, les membres de la famille impériale, les grands prêtres et quelques hauts dignitaires de la cour. Le peuple, au surplus, n'a jamais le droit de franchir les portes du sanctuaire, qui est toujours gardé par le clergé, comme le palais de pharaon l'est par les soldats. L'unique chose qui appartienne à tous, c'est l'immense cour des colosses, comprise entre les pylônes de l'entrée et la longue colonnade qui conduit au portique d'Amenotis III et au Pronaos.

— C'est ici, me dit mon docte cicerone, s'arrêtant au milieu de la cour, que les Thébains célèbrent tous leurs rites. Rapportez-vous aux images des murailles et vous verrez le spectacle ordinaire de l'antique vie religieuse. Les plus solennelles de ces images sont celles des scribes de la « double demeure de vie », la grande officine des mages, des astrologues, des devins. Le peuple vient vers eux, tremblant d'émotion sacrée. Entre leurs mains est l'avenir. Quand leurs lèvres s'entr'ouvrent pour prononcer une sentence, l'âme des fidèles frémit de terreur et d'espoir. Que vont-ils découvrir dans l'avenir du nouveau-né que cette dame aristocratique leur présente?... S'ils disent : « il mourra noyé, » rien ne pourra le sauver de l'eau ; serait-il caché dans les sables desséchés du désert, il mourra noyé. Et ces généraux altiers qui viennent interroger le destin, quelle réponse recevront-ils? Devant les saints augures, tous s'inclinent pleins de fervent respect. Ce que l'on entend ici est une sentence sans appel. Aussi, en entrant dans l'enceinte mystérieuse, les fidèles s'efforcent-ils de rendre les dieux propices, au moyen de sacrifices solennels. Les autels de l'holocauste sont là, tout près. Les cortèges y vont, conduisant les animaux qu'ils viennent d'acheter dans la grande cour et dont le sang doit réjouir l'âme d'Ammon. Les plus admirables troupeaux sont réservés à ce marché. Ces bœufs, ces génisses, ces gazelles, ces oies, que nous voyons sculptés sur les murs du temple, sont là pour être vendus à ceux qui doivent offrir les chairs rituelles au grand dieu. Voyez-vous avec quelle attention les prêtres examinent chaque bête? C'est que le moindre défaut les rend indignes de figurer sur les pierres des holocaustes. Le fonctionnaire qui, derrière ce pilier, ouvre la bouche à un taureau, appartient à ce que l'on peut appeler le service sanitaire. Si le bétail a une tare, pour insignifiante qu'elle soit, il faut l'emmener. Ceux qui, un peu plus loin, se penchent et examinent les taches de la peau de ces génisses sont des mages qui cherchent dans le pelage des bêtes des signes propices ou néfastes. Le riche dévot qui peut dépenser les outnous nécessaires pour faire à Ammon l'offrande d'un animal de prix, veut, avant tout, s'assurer que son sacrifice ne sera pas vain. Les pauvres, capables seulement d'acheter un chevreau, un canard ou une colombe, sont moins exigeants et sont uniquement préoccupés d'obtenir que les marchands ne soient pas trop avides de gain. Le marchandage est un des plus fréquents motifs de dispute. Comme dans les soukhs du Caire, un achat suppose généralement ici une lutte entre celui qui offre et celui qui demande. Voyez-vous ces boutiques de marchands de vins, ces étalages de pâtisseries, ces comptoirs de boulanger, ces dépôts de jarres d'huile?... Tout est pour le Dieu. Ceux qui n'ont pas de quoi offrir un pigeon, offrent un gâteau, un petit pain, une mesure de bière de Nubie. Dans le foyer sacré, comme dans celui de n'importe quel mortel, on a besoin de tout. Ceux qui possèdent quelque chose à vendre, accourent ici de préférence aux autres marchés. Voyez-vous ces paysans nus qui offrent des fleurs de lotus... Voyez-vous ces autres qui portent des chapelets d'oignon... Voyez-vous ceux-là, là-bas, qui n'ont que quelques pauvres épis de blé... Les prêtres ne refusent et ne dédaignent rien. Le plus humble des fellahs qui s'approche d'un membre du clergé, le trouve toujours disposé à entendre ses confessions et à lui prodiguer ses conseils. Il n'y a pas d'acte de la vie privée qui ne nécessite l'intervention de l'église. Les papyrus couverts de signes mystérieux qui figurent dans les images des scribes, contiennent les formules indispensables pour répondre aux questions les plus graves aussi bien qu'aux plus puériles demandes. Les mages qui font partie du clergé ne se reposent pas un instant. Pour se marier, pour semer, pour vérifier un achat, pour accorder la main de ses filles, pour tout, enfin, le Thébain éprouve le besoin de faire appel à la science religieuse. Ceux qui ont à se repentir de quelque chose, quelque péché à se faire pardonner, quelque faute à purger, recourent aux confesseurs. Un tarif indique le prix de chaque faute, depuis l'assassinat jusqu'à l'adultère, depuis le blasphème jusqu'au mensonge.

* *

Si cette cour immense appartient au peuple et si le pronaos est la place des scribes, des prêtres de deuxième ordre et des mages du temple, le sanctuaire proprement dit, avec son autel et ses appartements secrets, est réservé à l'Ammon, aux dieux de sa famille et aux grands prêtres attachés à son service. Une des pièces les plus secrètes sert à tenir les déesses enfermées quand elles sont à la veille d'enfanter. On l'appelle « la chambre impure ». Les divinités égyptiennes, en effet, n'excluent même pas leurs épouses célestes de la souillure de la maternité. Sans croire au péché originel, elles ont une notion quasi biblique de l'incarnation et exigent de longues pratiques purificatrices après l'accouchement, afin d'éviter que les mortels et même les immortels souffrent la contagion de la passagère impureté féminine. Près de la « chambre impure » est le harem divin, où les favorites des dieux mènent une existence de suprême monotonie. Après le harem, il y a les pièces pour les amis. Mon cicerone qui croit, sans doute, que ceci me surprend, comme si quelque chose pouvait surprendre dans une religion si humaine, insiste pour me faire visiter ce qu'il appelle *les chambres d'amis.*

— Quand une divinité de quelque autre lieu vient visiter l'Ammon de Louxor, — me dit-il, — elle trouve ici tout le confort auquel elle est habituée dans son propre temple. Les grands prêtres l'interrogent sur ses goûts et ses habitudes. Puis ils la parfument, la vêtent, l'ornent, lui offrent des danseuses et des musiciens, l'entourent de serviteurs et célèbrent en son honneur le culte spécial qui lui appartient. Le seul qui loge dans l'appartement même de l'Ammon local est son père, l'Ammon de Karnak. Celui-ci vient, gardé par le pharaon et ses généraux qui l'introduisent avec solennité dans le sanctuaire des sanctuaires, où son fils le reçoit dévotement. Pendant les jours où les deux grands immortels restent ensemble, personne, pas même le roi, n'a le droit d'interrompre le colloque sacré. L'Ammon de Thèbes met la main sur la nuque de l'Ammon de Louxor pour lui offrir son fluide, et l'interroge sur les événements de son existence. Quand l'entrevue se termine, le cortège royal se reforme pour accompagner le sublime visiteur jusqu'à son foyer. Les plus insignes faveurs célestes coïncident toujours avec ces fêtes. Le peuple sait que la joie du dieu se communique au roi, celle du roi aux pontifes, celle des pontifes aux autorités et, naturellement, met à profit des circonstances aussi favorables pour demander ce qui lui manque le plus.

.

Une de mes surprises dans le temple de Louxor est de voir combien la salle d'Ammon est exiguë et pauvre, en comparaison d'autres appartements et surtout relativement à l'ensemble de l'édifice. Un dieu qui mange et dort et reçoit, devrait avoir une vaste loggia claire, une galerie merveilleusement décorée, quelque chose qui ferait penser à une salle du trône. N'est-il pas le potentat le plus riche de Thèbes ?... « Depuis l'avènement de la dix-huitième dynastie, — dit le biographe de Sésostris, — Ammon a profité plus que le pharaon même des victoires de Syrie et d'Égypte. Chaque triomphe des armes égyptiennes lui a valu une part considérable des dépouilles recueillies sur le champ de bataille, des contributions imposées aux vaincus, des prisonniers réduits à l'esclavage. Il possède des centaines de maisons et de jardins dans tout le pays; il possède des champs, des prairies, des bois pour la chasse, des lacs pour la pêche; il possède des colonies dans les oasis du désert libyque et dans le fond du pays de Chanaan, et il y perçoit le tribut. L'administration de ces domaines exige autant d'employés et autant de bureaux que celle du royaume : elle comprend d'innombrables directeurs de la culture et de l'élevage; des trésoreries de vingt catégories pour l'or, l'argent, le cuivre; des chefs d'ateliers et de manufactures; des ingénieurs, des architectes, une escadre et une armée qui combattent parfois à côté des armées et des escadres du pharaon. En somme, il est un État dans l'État. » Mais, puisqu'il en est ainsi, comment le chef de cet État, le maître de tant de trésors peut-il se contenter d'une chambre aussi étroite et aussi obscure que celle que nous lui voyons à Louxor? La seule explication d'une pareille anomalie est sans doute le désir de protéger le mystère de l'existence intime du dieu contre les curiosités des hommes. On sait que, hors des personnes de sa divine famille, des favorites de son harem, du grand pontife qui préside son conseil, du grand échanson qui le sert à table, du grand valet de chambre qui l'habille et le parfume, du grand majordome qui administre ses richesses, et du chœur qui célèbre, en son honneur, les offices quotidiens; seul, le souverain a droit de visiter à n'importe quelle heure du jour le dieu des dieux. Il faut donc protéger le saint réduit d'un double mur qui l'assombrisse et le rende impénétrable. Il faut le clore avec des portes de granit. Il faut y apposer, chaque matin, un sceau sacré que le pharaon lui-même ne peut rompre sans l'assistance des prêtres.

Pour ses audiences officielles et pour ses grands sacrifices royaux, ainsi que pour les assemblées de son conseil et les séances de son tribunal, le dieu dispose des immenses galeries du temple.

Assis sur le naos de la barque sacrée, le visage tourné vers l'Orient, il se dresse en pleine lumière et reçoit les ambassadeurs, juge les prêtres coupables, accepte le sang des holocaustes ou tranche les conflits dogmatiques.

Mais, avant de sortir la barque, il faut consulter Ammon avec beaucoup de respect. « Si le dieu approuve d'un mouvement de tête, — dit Maspero, — la réunion se forme; si elle reste immobile, c'est qu'elle ne veut pas sortir; et, alors, le pontife lui demande la cause de son mécontentement. Un jour de la fête de Thèbes, Ammon refusa de se montrer en public, et l'on attribua sa mauvaise humeur aux malversations que l'on venait de commettre. Le chef des greniers, Touthmosou fut cité devant le divin tribunal. » Dans la relation que le grand égyptologue fait de ce procès, nous voyons le dieu exerçant ses fonctions de juge avec une solennité complètement humaine. Les assesseurs lui présentent les comptes, lui lisent l'acte d'accusation, l'informent des enquêtes pratiquées dans les magasins aux grains et au domicile de l'accusé. Touthmosou se défend avec énergie, démontrant que s'il y a eu, en effet, des irrégularités dans la gestion des biens de son ministère, ce n'est pas à lui, mais à quelques-uns de ses subordonnés qu'on doit les imputer. Les témoins déposent en sa faveur. A la fin des débats, le prophète Balnkhonsou présente au dieu le dossier de l'accusation et de la défense, et lui dit : « O Seigneur, voilà les deux dossiers du procès : si tu choisis le second, il sera absous. Tu sais distinguer le bien du mal, tu choisiras en toute équité. » Le dieu montre alors le dossier de la défense, et Touthmosou, au lieu de mourir décapité, est à nouveau chargé de l'administration des greniers divins.

.˙.

Quand nous sortons du temple de Louxor, l'imagination exaltée par toutes ces évocations d'étrange religiosité, les grandes masses des monuments sacrés nous paraissent moins terribles que quelques heures auparavant. Les dieux hiératiques et humains qui sont dans leurs palais les reflets du roi n'inspirent pas, comme leurs frères de Syrie et de Chaldée, un respect plein de terreur et d'angoisse. Plutôt qu'à Jéhovah, à Baal ou à Assur, Ammon fait penser aux claires divinités de la Grèce. Sa voix n'est pas une perpétuelle tempête menaçante, sa bouche ne s'ouvre pas pour dévorer des multitudes; sa présence n'inspire pas une incurable épouvante... Comme le Zeus hellénique, il se mêle à l'existence des mortels et emploie des stratagèmes magiques pour séduire les femmes qui lui inspirent des désirs.

Sur les murailles du sanctuaire de Louxor, nous voyons le grand dieu égyptien pénétrer dans la salle où la princesse Mutemna l'attend, et se livrer dans ses bras mortels aux plaisirs de l'amour. C'est là une, entre mille, de ses aventures galantes. Et de même qu'il conquiert des cœurs féminins, il tranquillise l'âme de ceux qui souffrent, venge ceux qui ont été offensés, défend ceux qui se trouvent en de graves périls et guérit les malades. Sa bonté est aussi grande que son pouvoir.

Les mystères mêmes sont d'une imagination enfantine. Aussi, quand nous contemplons dans l'apothéose des soirs thébains tant de merveilleuses demeures désertes, nous sentons-nous remplis d'une vague nostalgie des siècles où Ammon régna sur la terre et pensons-nous qu'il n'y a peut-être jamais eu, dans le monde, de religion aussi clémente, aussi humaine que la sienne !

XII

LA VIE ET L'AME

Ce que nous apprennent les vieux contes. — Les âmes dominées par la magie. — Superstitions populaires. — L'histoire du prince prédestiné. — La loi du suprême enchantement. — Le calendrier mystérieux. — Les aventures amoureuses. — Impudeur, inconstance, intérêt, luxe. — La femme. — La justice et la bonté du pharaon. — Images familières du souverain. — Le doux gouvernement despotique. — Les lamentations du fellah. — La morale et la vie. — Un triste tableau. — La coquetterie féminine. — Le bonheur du peuple.

Le secret des âmes antiques que les savants cherchent en vain dans les hiéroglyphes des temples et des tombes, j'ai l'impression de le découvrir dans les pages d'un livre de contes millénaires. Un après l'autre les héros de la tragi-comédie quotidienne apparaissent à ma vue, non comme des êtres qui ressuscitent, mais comme des personnages qui ne sont jamais morts. Tels les virent les yeux allongés des dames de Thèbes, au temps du grand Sésostris, tels je les vois. Ils viennent, riant ou pleurant; ils viennent à la recherche de trésors fantastiques ou d'aventures galantes; ils viennent au milieu du tumulte des multitudes humbles, ou dans la suite des cortèges; ils viennent pleins d'ingénuité et d'ardeur, et tous paraissent avoir réalisé le prodige de ce pauvre Baïti qui mit son cœur dans une branche d'acacia, tellement leur poitrine palpite dans les pages de mon florilège.

La première impression, en pénétrant dans le labyrinthe de l'existence égyptienne, est d'étonnement. Nous ne pouvons faire un pas sans rencontrer un mage. Et la magie n'est pas ici, comme dans l'Orient des mille et une nuits, un talisman merveilleux qui ne sert que dans les grandes circonstances. Même dans les fonctions les plus ordinaires de la vie, l'homme de Thèbes a besoin de l'intervention d'éléments prodigieux. Celui qui achète comme celui qui vend, celui qui sème comme celui qui laboure, celui qui entreprend un voyage comme celui qui désire s'asseoir à table, doit consulter auparavant un calendrier magique dans lequel chaque jour de l'année est marqué de toutes ses prédictions inéluctables. Il y a des dates propices; il y a des dates sinistres. Bien mieux, en certains cas, des heures sont favorables et d'autres désastreuses. Le « calendrier Sellier », du British Museum, est le plus extraordinaire monument de superstitions populaires qui existe au monde. Matin par matin et soir par soir, le Thébain et le Memphite cherchent dans leurs hiéroglyphes compliqués les conseils qui doivent dicter leur ligne de conduite. Voici, relatifs au mois de Paoli, quelques versets de cette terrible Bible.

Le 5. — Mauvais, mauvais, mauvais. Ne sors pas de la maison, ne t'approche d'aucune femme; c'est le jour où il faut faire des offrandes au Dieu; le belliqueux Montou dort. Celui qui naît ce jour mourra d'amour.

Le 6. — Bon, bon, bon. Jour heureux dans les cieux. Les dieux reposent devant le Dieu et le ciel divin accomplit ses rites. Celui qui naît ce jour mourra d'ivresse.

Le 7. — Mauvais, mauvais, mauvais. Ne fais rien ce jour-là. Celui qui naît ce jour mourra sous la pierre.

Le 9. — Joie des dieux. Les hommes sont en fête, parce que l'ennemi de Ra est tombé. Celui qui naît ce jour mourra de vieillesse.

Le 23. — Celui qui naît ce jour mourra par le crocodile.

Le 27. — Hostile, hostile, hostile. Ne sors pas. Ne te livre à aucun travail manuel. Ra repose. Celui qui naît ce jour mourra par le serpent.

Le 29. — Bon, bon, bon. Celui qui naît ce jour mourra vénéré de tous.

Naturellement, chacun essaie de se défendre contre les augures qui lui sont défavorables, au moyen de sortilèges, de prières et d'amulettes. Mais l'histoire du « Prince Prédestiné » nous montre que le pouvoir des pharaons lui-même ne suffit pas à contrecarrer les desseins du Destin. Quand le héros de la triste histoire naît, les mages qui lisent dans le livre de l'avenir disent :

— Il mourra par le crocodile, par le serpent ou par le chien.

En entendant ces mots, Sa Majesté ordonne de construire dans la montagne un palais de pierre et d'enfermer dans ce palais le jeune prince pour que les animaux funestes ne puissent parvenir jusqu'à lui. Et le temps passe... Et quand le prince prédestiné arrive à l'adolescence, ses pages le font monter sur la terrasse afin qu'il contemple le merveilleux spectacle du monde. Les gens qu'il voit, ne l'amusent pas. Tout à coup, un être distinct des autres appelle son attention.

— Qu'est-ce? — demande-t-il.
— C'est un chien, — lui répond-on.
— J'en veux un semblable.

Les pages vont trouver le roi et lui disent que son fils désire un chien.

— Qu'on lui en donne un tout petit, — ordonne Sa Majesté.

Et on lui apporte un lévrier de trois mois.

Des années s'écoulent encore. Le prince, dans les veines duquel coule le sang des guerriers sacrés, se morfond dans l'inaction.

— Je désire vivre libre, — et puisque je suis condamné à un destin fatal, il importe peu que je me cache ou non, puisque la volonté des dieux doit toujours s'accomplir.

Alors le roi lui donne des armes, lui donne des serviteurs et lui dit :

— Fais ta volonté.

Suivi de son lévrier, le prince commence à voyager par des pays où le crocodile et le serpent sont inconnus. Dans la capitale de la Syrie, après avoir montré son intrépidité et son adresse, il se marie avec la fille du roi. Après quelques jours de doux abandon, il dit à son épouse :

— Je suis condamné à mourir par le crocodile, par le serpent ou par le chien.

— S'il en est ainsi, — s'écrie la princesse, — que l'on tue le lévrier qui court derrière toi.

— A aucun prix, je ne peux consentir à ce que disparaisse le chien que j'ai élevé moi-même.

Elle a peur, grand, grand'peur et ne laisse plus sortir son mari seul.

Enfin un jour, le prince retourne en Égypte. Comme il arrive dans une ville, le crocodile sort à sa rencontre. Les serviteurs s'emparent du terrible animal, l'enferment dans une tour et le font garder par un géant. Peu après, le serpent entre dans la chambre du prince ; ses serviteurs le tuent.

— Tu le vois, — lui dit son épouse pleine de joie, — les dieux t'ont permis de triompher de tes plus grands ennemis. Quant au chien, il n'y a pas à le craindre.

Débordant d'une joie immense, le prince sort se promener, accompagné de son lévrier. En arrivant aux bords du Nil, il se trouve en face du crocodile qui s'est échappé de la tour.

— Maintenant, — lui dit l'animal, — tu ne pourras te soustraire à ton sort.

Et il ouvre son horrible gueule pour le dévorer. Mais au même instant, la princesse qui a été prévenue par le chien, tue le crocodile avec une hache.

Alors, baisant le visage de son époux, elle lui dit :

— Cet ennemi, comme le serpent, est mort.

Tranquilles, les princes continuent à vivre, sûrs que le destin a été conjuré. Mais, voici que les ennemis du roi de Syrie décident de s'emparer de tous les deux. Une troupe de féroces guerriers les poursuit, et découvre leur retraite. Ils se cachent dans une caverne. Les guerriers passent sans les voir. Alors le loyal lévrier, fou de bonheur, se met à aboyer. Les ennemis l'entendent, retournent sur leurs pas et tuent le prince et la princesse.

Et le prince, en fermant les yeux, pense : « Par le chien je devais mourir, par le chien je meurs. »

．．．

L'état d'esprit que cette croyance détermine dans la nation entière, fait de l'Égyptien l'être le plus variable du monde antique. Jour à jour, l'âme de chacun change, selon les lignes de l'horoscope. L'héroïsme et la peur, l'amour et la haine, l'enthousiasme aventureux et la crainte de l'action, les grandes générosités et les égoïsmes féroces, tout, en un mot, tout ce qui est vie, tout ce qui est énergie, tout ce qui est passion, est subordonné au présage d'un mage, aux conseils d'un calendrier, aux signes d'un astre. Plus qu'à l'Ammon des temps pharaoniques, le peuple croit aux sept fées d'Hathor qui président aux naissances, marquant le front de chacun du sceau de la fatalité. « Tu seras heureux ou malheureux suivant nos paroles — disent les marraines — et rien ne pourra changer le cours de ton destin. » En bonne logique, cette croyance en un avenir tracé de longue date devrait donner aux âmes une sérénité pareille à celle des Musulmans qui s'en remettent à ce qui « est écrit ». Mais le génie de la race ne se prête pas à la résignation hautaine. Même certains de ne pas triompher, tous luttent. Pour les cas les plus désespérés, les amulettes et les exorcismes existent. Les tombes nous conservent les infinis talismans que chaque mort fait mettre dans les bandelettes de son dernier vêtement.

Dans la vie, les objets dotés d'un pouvoir mystérieux sont aussi très nombreux et très variés. « Une figure du dieu Bissou et de la déesse Thouéris gravée à la tête du lit — dit Maspero — éloigne les esprits malins; une main et un crocodile peints sur une tablette d'émail font fuir les vampires qui s'approchent des berceaux des nouveau-nés pour leur sucer le sang; les stèles sur lesquelles il y a un Horus debout sur deux crocodiles, protègent contre tout ce qui mord, pique et fascine; un scarabée de pierre ranime le courage du soldat qui le baise pieusement. Tout est amulette. Les minuscules momies vertes, bleues ou blanches que nous voyons dans les vitrines des musées, amulettes; les singes et les ibis, les bracelets et les bagues avec des signes énigmatiques, amulettes ; les mille objets de formes étranges que nous trouvons dans les ruines, têtes et jambes de bœuf, serpents de cornaline entiers ou coupés, yeux mystiques, mains ouvertes ou fermées, ceintures, croix de vie, fragments d'étoffe, vases en forme de cœur, amulettes. »

Dans les contes populaires, ces objets s'animent d'une vie charmante et puérile. Jusque pour le plus naturel des actes, le bon Égyptien se pare de bijoux mystérieux. Et si quelques-uns de ces objets ne peuvent rien contre le destin, en revanche, chacun d'eux lui sert à se protéger contre les mille êtres mystérieux qui entourent l'homme, et jusque contre les dieux qui, du haut du ciel, ne cessent de menacer le pauvre monde. Le pharaon lui-même, malgré son caractère de dieu vivant, a besoin d'amulettes, et de prières, et de formules magiques pour échapper aux embûches du lutin et des fées. Dans le conte de « Khouni », nous voyons le respect religieux avec lequel les rois traitent leurs mages. Quand Didi, l'enchanteur, arrive au palais royal, sa majesté appelle ses serviteurs et s'écrie :

— Logez Didi dans la maison du prince héritier et donnez-lui un traitement de mille pains, cent pots de bière, un bœuf et cent mesures d'oignons.

Ce que la magie humaine peut faire, toutefois, n'est rien, si on le compare à ce qu'obtient celui qui possède le traité des arts divins écrit par le dieu Thot.

— Si tu parviens à trouver ce livre. — dit un vieillard à Mereneftis, — tu n'auras rien à craindre. Il y a dans ses pages deux formules écrites de la main même de Thot. Si tu récites la première, tu charmeras le ciel, la terre, le monde et la nuit, la montagne, l'eau; et tu comprendras ce que disent les oiseaux et les reptiles, tous, tous, tous; et tu verras les poissons de l'abîme, parce qu'une force divine passera sur eux au travers du fleuve. Si tu lis la seconde formule, serais-tu dans la tombe, tu reviendras à la vie.

— Par mon âme, où est ce livre, que j'aille le chercher? crie le fougueux Mereneftis.

— Il est — achève le vieillard — au milieu de la mer de Coptos, dans un coffre de fer. Le coffre de fer se trouve dans un coffre de bronze, le coffre de bronze dans un coffre en bois de quad, le coffre en bois de quad dans un coffre d'ivoire, le coffre d'ivoire dans un coffre d'ébène, le coffre d'ébène dans un coffre d'argent, le coffre d'argent dans un coffre d'or. Et il y a autour du coffre de fer douze mille coudées de serpents, de scorpions et de reptiles et, parmi les serpents, il en est un d'immortel.

Mereneftis, qui est le plus vaillant des princes, se couvre d'amulettes, s'arme de formules magiques et descend au fond de la mer de Coptos, où il triomphe des gardiens du livre de Thot.

Une fois maître du divin trésor, il charme le ciel, la terre, les eaux et les oiseaux, et la divine sagesse pénètre dans son être. N'arrivant pas à acquérir l'immortalité que les dieux mêmes n'ont pas en Égypte, il meurt et emporte avec lui le livre dans la tombe. Le prince Setni le lui dérobe un jour, et revient avec lui sur la terre.

« La science de Setni — pensons-nous — doit être infinie puisqu'il connaît jusqu'au chant des oiseaux. » Mais, hélas! pour nous montrer du peu que tout cela sert, le conteur nous rapporte de suite la première aventure dont son héros est victime dans sa ville natale. « Après cela — dit le conte — il arrive un jour que Setni se promène dans l'atrium du temple de Phtah et voit une femme si belle qu'aucune autre femme ne l'égale en beauté et portant une profusion d'or sur son corps et allant accompagnée de belles suivantes et de cinquante serviteurs. Quand Setni la voit, il ne sait plus en quel lieu du monde il se trouve; il appelle son page et lui ordonne de s'informer quelle est cette femme. Le page vole vers le lieu où est la belle et interroge une de ses suivantes. La suivante lui dit : — C'est Touboni, fille du prophète de Baotit, qui vit dans le quartier d'An

Khou Kani. Elle va maintenant prier au temple du grand dieu Ihtah. Quand le page retourne où est son maître, il lui répète ces paroles. Setni lui dit alors : — Reviens voir la servante et dis-lui : « Setni Khamois, le prince, est celui qui m'envoie t'offrir dix pièces d'or pour que tu passes une heure avec lui. S'il faut recourir à la violence, il le fera et nous t'emmènerons dans un lieu retiré où nul ne pourra nous découvrir. » La suivante s'indigne de telles paroles, comme si c'eût été un scandale de les entendre. Alors la belle dame appelle le page et lui dit : — Cesse de parler avec cette servante; viens et parle avec moi. Le page s'approche de la femme et lui dit : — Je te donnerai dix pièces d'or pour que tu passes une heure en compagnie du prince Setni. S'il faut recourir à la violence, il le fera et te mènera en un lieu écarté où nul ne pourra te voir. Touboni répond : — Va dire à ton maître que je ne suis pas une personne vile; et s'il veut me voir et prendre plaisir avec moi, sans que personne au monde le devine, qu'il vienne à Bubaste, chez moi. Tout sera préparé, et il prendra son plaisir avec moi, sans que ce soit me conduire comme une femme de la rue. Quand Setni entend cela des lèvres du page, il dit : — Cela me convient. Puis il fait préparer une barque et ne tarde pas à arriver Bubaste. »

Une fois le héros de l'histoire dans la maison de la belle dame, nous assistons à un marchandage qui commence comme un roman picaresque et finit comme une tragédie. — Couchons-nous ensemble, dit Setni. — Attends un peu, lui répond Touboni : je ne suis pas une vile prostituée. Si tu veux avoir plaisir avec mon corps, il faut qu'avant tu me cèdes une partie de tes biens. — Parfait : qu'on fasse venir le scribe de l'école pour rédiger l'acte de donation. Une fois l'acte signé, un page dit à Setni : — Tes fils sont en bas devant la porte. — Qu'ils montent, répond Setni. A ce moment, Touboni se déshabille et en voyant son corps délicieux l'ardeur de l'amoureux se change en frénésie. — Viens, lui dit-il, viens que je jouisse de toi. — Attends, s'écrie-t-elle, attends, attends. Je ne suis pas une vile courtisane. Si tu veux te coucher avec moi, il faut auparavant que tu obliges tes fils à reconnaître la donation que tu m'as faite. Quand les fils du héros ont signé le document, Setni redit à sa bien-aimée : — Couchons-nous, par Osiris ! Mais elle répond : — Un instant. Je ne suis pas une fille vile. Si tu veux posséder mon corps, il faut que tu fasses tuer tes fils, pour qu'ils ne me cherchent pas querelle, ensuite, à cause de ce que tu m'as donné. Fou de luxure, Setni fait tuer ses fils et, enfin, se couche avec la belle dame.

⁂

Les aventures amoureuses, moins tragiques, mais non moins vénales que celles-là, abondent dans les contes égyptiens. Les femmes de Thèbes, de Memphis, de Bubaste, de toutes les grandes cités, inspirent de véritables décamérons aux Boccaces nationaux. Un Brantôme thébain aurait pu, avec les seules aventures de la cour des pharaons, écrire un livre aussi scabreux et aussi véridique que celui des « Dames galantes ». « Les mœurs, — dit le commentateur de la Geste de Setni — sont faciles en Égypte. Précocement mûre, l'Égyptienne vit dans une société dont les lois et les mœurs paraissent conspirer à développer ses ardeurs natives. Les petites filles jouent, nues, avec leurs frères, nus aussi. Les femmes ont la poitrine découverte et s'habillent d'étoffes transparentes qui laissent voir leurs charmes les plus secrets. La religion et le culte appellent l'attention des femmes sur les formes obscènes de la divinité, et l'écriture même étale des images impudiques. Quand on lui parle d'amour, la femme ne pense qu'à l'amour physique. Il suffit qu'elle conçoive l'idée de l'adultère pour qu'elle cherche le moyen de le réaliser. »

Plus étrange encore que le manque de pudeur et d'honnêteté est l'absence absolue de sentimentalité, d'idéal, de rêve. Parmi les innombrables héroïnes des contes que je suis en train de lire, il n'y en a pas une seule qui paraisse capable de comprendre ce que, pour d'autres peuples plus sensibles, signifie le mot amour. Les princesses mêmes, élevées avec une réserve relative, ne voient dans le mariage que le moyen de satisfaire un appétit purement physique. Dans ses confessions d'outre-tombe, la belle Merephtis, fille d'un puissant roi, conte que lorsqu'elle eut l'âge d'aimer, elle se sentit éprise de son frère le prince Nenoferkeptah. Son père, pour des raisons politiques, s'opposa, en principe, à ce mariage incestueux, et dit à sa fille qu'il voulait l'unir à un général d'infanterie. Loin de pleurer et de protester, l'enfant répond au pharaon : « Bien, marie-moi donc avec qui tu voudras. » Ce qui importe à ces jeunes filles, en effet, est d'avoir un homme pour pouvoir coucher avec lui. Et ce qui les séduit chez un homme, plus que les qualités morales, plus que la beauté même, c'est la vigueur physique.

A tout moment, les conteurs et les historiens disent : « Elle le trouva robuste et sentit de l'amour pour lui. » Dans la fameuse histoire de : « Les Deux Frères », nous voyons l'inconsciente légèreté avec laquelle la belle Touboui profite de l'absence de son époux, pour se précipiter dans les bras de son beau-frère, s'écriant : « Tu es capable de grandes prouesses et chaque jour j'observe tes forces. Viens, couche-toi une heure avec moi, et je te ferai cadeau de deux vêtements magnifiques. » En un autre conte, très populaire aussi, celui du « Prince Prédestiné », l'héritière du roi de Syrie donne la préférence, entre beaucoup de grands seigneurs, à un homme qui se dit de basse origine, à cause de sa vigueur et de son agilité. En vain, le monarque s'écrie : « Comment vais-je livrer ma fille à un soldat égyptien ? qu'il disparaisse tout de suite. » La belle princesse jure qu'elle désire posséder cet intrépide sauteur, et finit par en faire son époux.

Le cas de la princesse, fille de Micerino, qui, après avoir été violée par son père, se tue de honte, est unique en Égypte. Les femmes, en général, se soumettent sans répugnance aux caprices de ceux qui les désirent avec violence. L'idée de l'inceste suffit à peine pour expliquer ce fait isolé. Les passions entre frères, entre mères et fils, et entre filles et pères, sont choses courantes.

N'est-ce pas Sésostris qui eut des relations amoureuses avec ses deux filles? L'amour paternel et le respect filial s'évanouissent dans l'alcôve. Les héros les plus illustres eux-mêmes font preuve d'une conception de la morale qui nous stupéfie. La tolérance pour les caprices féminins est infinie. Tous pardonnent à celles qui se prostituent. Les familles, même les familles pharaoniques, recourent, en cas de nécessité, au commerce des charmes amoureux.

Nul n'ignore, en effet, que, d'après les historiens grecs, le grand Chéops autorisa sa fille à vendre ses caresses pour terminer sa pyramide. Un autre pharaon, le héros du conte de « Rampsiniles », va encore plus loin dans sa tolérance paternelle. Ayant besoin de découvrir l'auteur d'un délit, il ordonne à sa fille d'ouvrir les portes de son alcôve à tous ceux qui veulent jouir d'elle, en n'exigeant d'eux, pour prix de ses caresses, qu'un récit de leurs vies. La vertu de la femme paraît un mythe si incroyable que nul ne répond de l'honneur de la plus chaste. Une anecdote qu'Hérodote recueillit dans son « Histoire » nous fait assister aux tribulations d'un malheureux roi de Thèbes que les dieux ont privé de la vue et qui, selon l'avis des mages, ne pourra se guérir que lorsqu'il aura trouvé une Thébaine qui n'aura jamais trompé son mari. Ni la reine son épouse, ni les princesses ses filles, ni les compagnes des grands prêtres, ni les maréchales, ni les bourgeoises, ni les paysannes, ni les esclaves ne peuvent le guérir.

.˙.

Les contes populaires qui, partout, incarnent la morale nationale moyenne, parlent de tout cela sans la moindre indignation. Pour être dévergondée et vénale, la femme ne paraît pas à l'homme moins adorable et moins respectable. De tous les peuples de l'antiquité, celui qui éprouve le plus d'enthousiasme pour le sexe faible, est, au contraire, l'Égyptien. La Thébaine, à toutes les époques, et particulièrement, à l'apogée de la grandeur pharaonique, jouit d'une situation privilégiée. Dans la bourgeoisie, elle est l'âme du foyer. Dans les hautes classes, elle est la fleur divine des tentations, l'objet enviable des désirs. « L'Égyptienne, — dit Maspero, — est la femme du monde la plus respectée et la plus indépendante. Fille, elle hérite de ses parents de parts égales à celles de ses frères; compagne, elle est la maîtresse réelle de la maison, et son mari ne semble être que son hôte privilégié. Elle sort, se promène, vit à sa guise, parle avec qui lui plaît, sans que nul n'ait à la blâmer. Elle porte, toujours, le visage découvert, contrairement à la Syrienne, sa voisine, toujours voilée. Elle va court vêtue, d'une tunique blanche serrée au corps et qui lui laisse la poitrine nue. Sur le front, le menton, les seins, elle montre de délicats tatouages indélébiles. Elle se peint les lèvres de rouge et se met sur les paupières une ombre noire qui donne de l'éclat à son regard. Sa chevelure libre est, ou bien teinte en bleu, ou bien brillante d'huile. Elle va les pieds nus et laisse voir ses bras nus comme sa poitrine. Les jours de fête, elle porte ses sandales en feuilles de papyrus ou de cuir.

Elle s'orne de longs colliers de perles ou de grains de verroterie, de bracelets aux chevilles et aux poignets, d'une guirlande et d'une fleur sur le front. » Et ce que cette femme, qu'elle soit princesse ou bourgeoise, fait de sa liberté et de ses charmes, les conteurs et les poètes nous le disent. Mais ils nous le disent sans s'indigner, ni se scandaliser, presque avec sympathie; ils nous le disent avec de doux sourires que nous ne devons plus retrouver dans l'histoire, que sur les lèvres de Boccace ou de Brantôme.

.°.

Dans le conte de Setni, le narrateur ne daigne pas nous décrire l'alcôve où la belle Touboui reçoit son amant. Les conteurs picaresques d'Égypte, comme ceux d'Espagne, donnent peu d'importance aux détails somptuaires. Mais grâce aux bas-reliefs des hypogées qui reproduisent avec le plus grand scrupule l'intérieur des maisons, nous pouvons reconstituer, non seulement la chambre à coucher de la courtisane de Bubaste, mais toute sa demeure. Les meubles sont peu abondants. Les dames européennes de notre époque qui, par caprice, voudraient se faire un petit palais thébain et le meubler à la manière antique, ne s'expliqueraient pas le manque de voluptueux confort des favorites de Sésostris. Nulle part, on ne découvre les divans propices aux vaporeuses mollesses. Cette pauvreté correspond à la pauvreté du sentiment. N'ayant pas besoin de longs préparatifs idylliques, le corps de l'Égyptienne se contente du lit, comme son âme se contente du plaisir positif. Le lit, en effet, le lit haut et ample, aux nombreux matelas et aux nombreux oreillers, est le seul meuble que l'on voit dans la chambre. A quoi bon autre chose dans un pays où s'aimer signifie, littéralement, coucher ensemble? Par contre, pour les plaisirs de la gourmandise, plus raffinés que ceux de la luxure, le mobilier est moins simple. Les beaux fauteuils à pattes de lion et à dossiers ajourés, ainsi que les jolis guéridons ronds, très sculptés et très peints, se réservent pour la salle à manger. Les grandes jarres d'émail aux courbes sveltes, les plats de matières précieuses, les vases ronds comme des seins de vierge, les étoffes d'or, les assiettes en forme d'oiseaux ou de poissons, tout ce que l'industrie crée de plus choisi, en un mot, est pour l'ornement de la table. Plus encore qu'en Grèce, en Égypte l'acte de manger est un rite. Hérodote nous conte qu'au temps de la domination perse, les riches Thébains conservaient l'habitude de présenter, au début des festins, un tout petit sarcophage et de dire à leurs invités : « Contemplez le mort que vous avez sous les yeux; un jour, vous serez aussi dans la tombe; buvez donc, buvez et mangez et vous divertissez! » Les bons vins paraissent à tous un don précieux des dieux. Avant que les banquets ne prennent fin, les convives sont ivres. Depuis le plus humble fellah qui profite des jours de fête pour aller au cabaret, jusqu'au potentat qui possède des caves magnifiques, il n'est personne qui dédaigne de boire. En ce pays, où le Nil est le plus vénérable des dieux, le vin est le plus adorable des démons. L'abondance de formes dans la fabrication des coupes et des bouteilles est extraordinaire. Hors de l'amour, l'unique plaisir fort des hommes, c'est l'ivresse.

.*.

Les femmes, toujours fortunées, ont celui de la coquetterie. « Les objets les plus charmants de l'art égyptien — écrit Gustave Jequier — sont les bijoux féminins et les objets de toilette, faits de bois fins et d'ivoire : cuillères pour les parfums, pots de fards, etc. »

Dans une société où le beau sexe domine par ses grâces libres et nues, il n'est pas étrange que l'industrie mette ses plus grandes ressources au service de l'idole féminine. Au déclin de la dix-huitième dynastie, les femmes, non contentes d'être princesses, veulent aussi s'emparer du domaine religieux. Les rois d'origine éthiopienne remplacent le grand prêtre d'Ammon par une prêtresse, et les monarques saïtes, respectant cet exemple et faisant profiter leurs familles, confèrent le sacerdoce suprême à leurs filles. Mais il n'est pas besoin que la Thébaine porte des tiares sacrées pour qu'elle soit respectée, adorée et enviée. Les hommes vivent à ses pieds. Une simple promenade à travers les salles d'orfèvrerie antique du musée du Caire, nous montre les merveilleuses splendeurs dont ce peuple orne la nudité de ses femmes. Les plus somptueuses vitrines de la rue de la Paix ou de Bond Street s'enorgueilliraient de pouvoir étaler quelques-uns de ces bijoux. Avec un sens de la couleur qu'aucun autre peuple n'a jamais eu, les artisans de Memphis, de Thèbes et de Saïs combinent les pierres de si habile façon que les violents contrastes de leurs tons ne choquent pas. Le lapis-lazuli, la cornaline et la turquoise qui, employés sans discernement esthétique, dans un seul joyau, produiraient un effet désagréable, fraternisent dans les bracelets et dans les colliers pour former des ensembles délicieux, grâce aux légères cloisons d'or qui les séparent.

En dehors des pectoraux royaux qui nous paraissent, d'habitude, trop lourds à cause de l'amoncellement des figures symboliques qui les décorent, tous les bijoux trouvés dans les tombes ont, dans la splendeur de leurs nuances, une idéale délicatesse de lignes. Les artistes européens, appliqués à copier, depuis vingt ans, les orfèvreries antiques, proclament leur stupéfaction devant certains modèles d'une élégance qui n'a rien d'oriental. Il y a des guirlandes, des broches, des colliers et des boucles d'oreilles qui paraissent, par la finesse de leur travail et la richesse de leurs matières, des œuvres d'un Lalique ou d'un Tiffany. « La couronne n° 100 — dit Flinders Petrie dans son étude sur le musée du Caire — est peut-être l'œuvre la plus séduisante et la plus gracieuse que l'on puisse voir au monde. Les sinueux fils d'or qui la forment doivent s'harmoniser avec la chevelure ; aussi, les petites fleurs qui l'ornent semblent-elles semées sur la tête avec la spontanéité de la nature. Chaque fleur est soutenue par deux fils entrelacés. Les fleurs ne sont pas repoussées ; chaque alvéole est faite à la main, avec ses quatre pierres incrustées. »

Cette merveille de l'art égyptien n'est pas unique. A chaque pas, dans les vastes galeries du Caire, un anneau, un collier, une broche, un pectoral, une guirlande, nous surprend et nous charme par sa capricieuse beauté. Les ouvriers modernes restent pâmés devant ce raffinement de la technique qui, depuis l'époque fabuleuse des premières dynasties, paraît arriver à sa perfection. Pour moi, ce qui me plonge dans le ravissement, c'est le sens décoratif qui donne aux objets les plus vulgaires une grâce harmonieuse et pittoresque, faite pour parer avec ses couleurs violentes l'ambre des corps féminins.

Nous ne devons pas oublier que toute cette orfèvrerie est celle d'un peuple qui ignore presque le vêtement et ne daigne donner aucune importance à ses tuniques. Nous voyons, en effet, dans les statues, que le lin dans lequel s'enveloppent les hanches et les cuisses ne porte jamais d'ornement. Toutes les pierreries et tous les filigranes, toutes les perles et tous les émaux, toutes les chaînes et tous les colliers sont faits pour être portés sur les seins, aux bras, aux chevilles, et pour animer, grâce à leurs fortes notes de bleu, de rouge et d'or, la brune pâleur de la peau.

*
* *

Avec une science de la coquetterie que les dames des grands harems sont seules à connaître aujourd'hui, l'Égyptienne soigne son corps de la façon la plus raffinée et la plus scrupuleuse. Sur un relief d'une très antique hypogée, nous voyons une dame aristocratique à sa toilette. Dix esclaves l'entourent, la parfumant, la peignant, la polissant. Assurément, toutes ne peuvent pas se permettre un pareil luxe. Mais toutes, même les plus pauvres, même les plus humbles ont des soins infinis pour leur personne. Les esclaves elles-mêmes n'ignorent pas la volupté des ablutions quotidiennes et le luxe des bracelets et des colliers. Une bonne partie de ce que gagnent, par tant de travail, les ouvriers, sert à satisfaire l'instinct de coquetterie des femmes du peuple. Aujourd'hui même, en Égypte, nous voyons les femmes des plus misérables fellahs qui passent dans les rues des villages, chargées comme des bêtes de somme, porter toujours, aux chevilles et aux poignets, leurs bracelets d'argent. Ce qui, en Occident, nous paraît superflu, en Orient est indispensable. Ne pas manger est, pour une Bédouine ou une Égyptienne, moins douloureux que ne pas se peindre les yeux avec du khôl ou ne parer son cou d'aucun collier.

.•.

Le plus extraordinaire pour ceux qui ne connaissent que l'Égypte hiératique, solennelle et quelque peu pédante des archéologues, c'est de se trouver, en pénétrant dans la réalité vivante des contes populaires, en présence d'un peuple léger, travailleur, irrespectueux, intrigant, sensuel et bienveillant. Les pharaons et les dieux eux-mêmes qui, dans les atria des temples, nous intimident par leurs attitudes rigides et menaçantes, s'animent, dans les anecdotes des vieux fabliaux thébains, d'une bonhomie délicieuse. Au contraire de ce qui se passa ensuite à Athènes, où la gaîté des immortels divinise la vie, à Thèbes la familiarité des hommes humanise les dieux. Quelque effort que l'on fasse pour chercher l'image de ce peuple perpétuellement courbé sous le fouet des rois, dont nous parlent les historiens, on ne le trouve nulle part. Il est nécessaire de recourir aux livres sérieux pour contempler d'immenses troupeaux de fellahs, gémissants et craintifs, qui, pendant toute leur existence, travaillent à la construction des grandes pyramides sans recevoir d'autre salaire que quelques oignons et sans pouvoir reposer un instant, sous peine d'éprouver l'amertume du fouet. Mais l'histoire paraît s'obstiner, lorsqu'elle nous montre ce tableau lamentable, à oublier que l'époque des grandes pyramides n'est qu'un éphémère et douloureux moment dans la vie millénaire de l'Égypte. Encore au temps de la domination perse, quand Hérodote visite le pays, les prêtres conservent la haine des deux mauvais rois Chéops et Mykérinos, qui obligèrent le peuple à ériger le vain monument de leur orgueil. « Le peuple a une telle aversion pour la mémoire de ces deux princes — dit le voyageur grec — que l'on ne prononce même pas leurs noms. » Les pharaons populaires, ceux qui servent de protagonistes aux conteurs de contes, ceux qui laissent un souvenir légendaire et glorieux, apparaissent, au contraire, comme des chefs paternels d'un peuple libre. Même à l'époque où les barons militaires s'emparent d'une partie du pouvoir royal, le monarque de Thèbes fait effort pour ne pas refuser la justice à ses sujets poursuivis et spoliés par les seigneurs féodaux.

Le fameux conte de « Les lamentations du fellah », que certains voudraient faire passer pour un tableau de l'existence misérable de ceux qui n'ont aucun personnage influent pour les protéger, me paraît plutôt un exemple de la douceur paternelle du pouvoir pharaonique. Il est vrai que, lorsque le héros de l'histoire s'adresse à son souverain pour se plaindre du scribe influent qui l'a dépouillé de ses biens, l'intendant du palais le reçoit assez mal. Mais dès que Sa Majesté Nabakouriyah est informée de ce qui s'est passé, elle appelle un de ses serviteurs et lui dit :

— Quand viendra de nouveau ce paysan, je

veux que ses paroles soient écrites et qu'on me les fasse connaître. Pour l'instant, il faut que sa famille ne manque de rien, ni lui non plus.

Le jour suivant le fellah revient au palais et adresse à l'intendant un discours qui nous montre la forte liberté de langage que le peuple se permet, même avec les grands seigneurs.

— Si celui qui est chargé de faire accomplir la loi tolère que l'on vole, — dit-il, — qui nous protégera contre le crime?... Quand le visage de celui qui tient le gouvernail se tourne vers les bords, la barque va sans direction. Quand le roi est dans son harem et que le gouvernail est dans tes mains, il y a des abus autour de toi, les plaintes sont nombreuses, la ruine est grande... Ne dis pas de mensonges; surveille les affaires du fisc. Oh! toi qui réduis à rien tout accident causé par l'eau, me voici dans les voies du malheur!... Oh! toi qui sors du fleuve ceux qui sont sur le point de se noyer, je suis opprimé par ta faute!

L'intendant fait peu de cas de ces paroles. Dans son désir de ne pas déplaire à un scribe puissant, protégé par un noble seigneur féodal, il se contente de dire au plaignant :

— Nous verrons.

Mais celui-ci met une telle insistance dans ses lamentations et retourne tant de fois au palais et élève tant la voix, qu'à la fin l'orgueilleux fonctionnaire se décide à lui rendre justice. « Marouitensi — dit le conteur — envoya deux de ses serviteurs avec l'ordre de lui amener le paysan, et ce paysan eut peur qu'on l'appelât pour le châtier à cause des discours qu'il avait tenus, et il dit : « Apaise ma soif. » Alors Marouitensi lui répondit : « Ne crains rien. Je me conduirai envers toi comme tu t'es conduit envers moi. » Il fit alors écrire sur une feuille de papyrus les plaintes et les envoya à Sa Majesté Nabakouriyah, et Sa Majesté dit : Juge toi-même, oh ! mon fils bien-aimé ! » Et Marouitensi ordonna à deux hommes de lui conduire le scribe et décida qu'on lui donnerait six esclaves en plus de ceux qu'il possédait déjà et du blé et des ânes et des biens de toute espèce et que ce Totwakhouiti restituerait au fellah ses ânes et tout le reste qu'il lui avait ravi.

Pour trouver un tableau douloureux des misères du peuple, il faut recourir à un scribe anonyme de Thèbes qui peint avec de sombres couleurs l'existence des travailleurs des villes. « J'ai vu, dit-il, les forgerons à leurs fours, leurs doigts sont rugueux comme la peau du crocodile, leur odeur est celle d'un œuf de poisson. Les artisans n'ont pas plus de repos que les laboureurs, leurs champs sont le bois ou le métal; la nuit, quand ils devraient se reposer, ils travaillent et veillent encore. Le barbier rase toute la journée et seulement lorsqu'il mange s'étend pour se reposer; il va de maison en maison, à la recherche de clients, et se brise les bras pour se remplir le ventre. La maladie guette le maçon parce qu'il vit exposé aux intempéries, construisant péniblement, attaché à la frise et aux chapiteaux en forme de lotus; ses mains s'usent, ses vêtements se déchirent, il ne se lave qu'une fois par jour; quand il a son pain, il revient chez lui et bat ses enfants. Le tisserand, dans l'intérieur de son atelier, est malheureux : ses genoux sont au niveau de son estomac; il ne jouit pas de l'air libre; pour voir la lumière du jour, il doit suborner les gardiens des portes. L'homme d'armes peine extrêmement, et quand il va dans des pays étrangers, il doit donner de grandes sommes pour ses ânes. Le courrier, en entreprenant son voyage, doit faire son testament, crainte des bêtes fauves et des Asiatiques; et, à peine revenu chez lui, il doit se remettre en route. Le teinturier a les doigts puant le poisson pourri; ses yeux sont fatigués, il passe sa vie à couper des lambeaux d'étoffe. Le cordonnier est malheureux et mendie éternellement; pour se nourrir, il est capable de manger son cuir. »

Sans doute, le tableau est triste. Mais, en bonne justice, il faut avouer que les pharaons, loin de provoquer cette misère de la population ouvrière, s'attachaient à l'alléger. Les stèles royales laissent voir l'intérêt que les souverains apportaient à l'amélioration de la condition du prolétariat. Quand un roi peut dire: « En mon temps le peuple n'a pas souffert », il le fait graver en termes pompeux qui démontrent son orgueil de bon patriarche.

.·.

Dans les contes populaires, les images des rois familiers, bonasses, aimant à protéger les pauvres et toujours prêts à rire, sont très nombreuses. Le hiératisme reste pour les sculptures officielles.

Le grand Ousimarès se montre paternel pour ses sujets, bon pour ses serviteurs, faible pour ses fils. Quand Setni lui conte l'histoire de ses infortunes amoureuses, le souverain, loin de se fâcher, s'écrie en riant :

— Je t'avais bien dit que si tu ne rendais pas le livre volé dans la tombe, on te tuerait ; mais tu n'as pas voulu m'écouter!

Un autre pharaon très puissant, l'illustre Manakhfré-Siamanou, « protecteur de la terre entière », selon son chroniqueur, montre encore plus de bonhomie que les précédents. Le roi d'Éthiopie l'envoûte selon toutes les règles de l'art, lui donne cinq cents coups de fouet et l'enferme ensuite dans son palais. Dans un cas semblable, un monarque oriental, ou même occidental, penserait tout d'abord à détruire les États de son ennemi. Mais Manakhfré-Sia-

manou ne croit pas que le peuple entier doive payer la félonie d'un seul homme et, au lieu d'appeler ses généraux et de déclarer la guerre aux Éthiopiens, il cherche un mage et lui confie son malheur. « Ce mage, fils de Panishi, — dit le conteur, — se fit porter une grande quantité de cire pure et en fabriqua une litière et ses quatre porteurs ; il récita une prière, souffla fortement et donna ainsi la vie aux porteurs. Puis il dit : « Vous irez au pays des
« nègres, cette nuit, et vous transporterez le
« roi en Égypte à l'endroit où est le pharaon
« et vous lui donnerez cinq cents coups de
« fouet devant le pharaon, après quoi vous le
« porterez à nouveau au pays des nègres, le
« tout en six heures de temps. »

Un autre souverain sans rancune est Rhampsinita, le héros d'un des plus curieux contes saïtes. Ce Rhampsinita possède un trésor si grand qu'aucun autre mortel n'en a eu un pareil. Pour le cacher, il fait fabriquer une tour formidable et y enferme son or, ses pierreries, ses étoffes et ses objets précieux, sûr que nul ne pourra jamais les lui enlever. Les fils de l'architecte royal, qui connaissent les secrets de certaines pierres, pénètrent une nuit dans la tour et s'emparent de ce qu'ils peuvent, se disant : « Nous reviendrons tous les jours et nous enlèverons ainsi peu à peu ce qui reste. » Le roi, qui visite souvent ses trésors, s'aperçoit de suite du vol. Mais, loin de se plaindre, il fait comme s'il n'avait rien vu et tend un piège. Quand les voleurs reviennent, un d'entre eux est pris. « Il est impossible — dit-il à son frère — de me sauver d'ici, et, s'ils me voient le visage, ils te prendront aussi immédiatement. Coupe-moi la tête pour qu'on ne sache pas qui je suis. » Ainsi fait le bon frère. Quand le pharaon trouve l'homme décapité, il pense que l'unique moyen de savoir à quelle famille il appartient est de faire exposer le corps sur une place publique et de mettre des sentinelles chargées d'observer si quelqu'un le reconnaît. La nuit, le frère enivre les gardiens de l'échafaud et porte chez lui le corps sans tête. Devant tant d'audace et tant d'habileté, Rhampsinita se sent plein d'admiration pour qui se moque ainsi de sa justice et fait déclarer par le crieur public que, non seulement il lui fait grâce de la vie, mais qu'il lui donne comme épouse une des princesses de sa maison.

« Le voleur — termine le conteur — eut foi dans la parole du roi et s'en alla vers lui. Et quand le roi le vit, il l'admira beaucoup et lui donna la main d'une princesse, comme au plus subtil des hommes, capable de gagner en finesse les Égyptiens, qui sont le plus fin des peuples. »

Un pharaon extraordinaire et qui paraît plus un roi polonais qu'un monarque oriental, est l'Ahmasi de l'« Histoire d'un Marin ». Ahmasi adore le vin, l'amour et les contes. Un jour il boit tant qu'il s'enivre et s'endort. « Au matin, — dit le chroniqueur, — Sa Majesté ne peut se lever, tant son ivresse est grande. Les courtisans qui la voient s'écrient : « Est-il posssible qu'il soit plus saoul qu'aucun homme au monde et qu'on ne puisse lui parler de choses sérieuses ! » Puis ils lui demandent :

« — Que désire maintenant Votre Majesté ?

« Le roi répond :

« — Il me plaît de m'enivrer beaucoup, beaucoup, beaucoup... Y a-t-il quelqu'un d'entre vous qui soit capable de me conter un conte ? Sinon, je me rendors...

« Naturellement, les courtisans s'empressent à le complaire et lui rapportent des historiettes scabreuses, non sans lui donner, en même temps, de nouvelles coupes de bon vin. »

Mais le pharaon qui, sans tomber dans l'abjection d'Ahmasi, montre le mieux combien est fausse l'image d'une royauté toujours tonnante et d'un peuple toujours tremblant, c'est le jovial Amenemaït des *Mémoires de Sinouit*. Quand le déserteur retourne en Égypte, après avoir passé de nombreuses années avec les Arabes du désert, Sa Majesté appelle toute sa famille et dit, riant aux éclats :

— Voyez la tête que s'est faite cet ami! On dirait un Bédouin!

La reine et les jeunes princes rient et plaisantent en voyant le visage hâlé du fugitif. Puis tous lui tendent la main et le conduisent dans l'appartement qui lui est réservé dans le palais.

Comment concilier ces visions familières avec l'idée que les historiens se forment de la majesté terrible des souverains égyptiens? A mon avis, l'erreur provient de la fausse interprétation des formules protocolaires. En lisant sur les murs du temple, que pour le peuple le pharaon est un dieu vivant, les archéologues lui ont prêté une grandeur perpétuellement altière et rigide. Mais il suffit de penser que les dieux

eux-mêmes sont, pour les hommes de Thèbes et de Memphis, des êtres joviaux, avec toutes les passions et tous les caprices des simples mortels, pour se rendre compte qu'un roi peut très bien recevoir dans les audiences de solennels honneurs sacrés et être, ensuite, dans la vie ordinaire, un bon chef patriarcal.

* *

Le contraste entre les rites officiels et les actes privés est, au surplus, visible en de nombreuses manifestations de la vie égyptienne. Les personnages mêmes qui, dans les cortèges, se dressent avec une gravité impeccable; qui, dans les conseils, ne prononcent que des discours sacramentels; qui, dans les assemblées, se prosternent la face contre le sol, en articulant les noms divins, recouvrent ensuite, dans les rues ou leurs maisons, la finesse sceptique de leurs manières naturelles. Hors des croyances superstitieuses en le pouvoir des spectres, des fées et des nuages, qui font réellement frissonner sans cesse les pauvres âmes, il n'y a ni de profonds préjugés sociaux, ni de graves principes moraux pour créer une stricte discipline.

Dans sa belle simplicité, la morale égyptienne manque de subtiles complications. « Non seulement tu ne dois pas faire tort à autrui, — dit le code religieux, — mais tu as l'obligation de rendre service à tes semblables. » Cela est l'essentiel. C'est le principe que le clergé, gardien des lois et administrateur de la justice, s'efforce de maintenir. Celui qui ne tue pas et ne vole pas peut faire tout ce qui lui plaît, sans craindre que sa conscience ne le lui reproche. Pourvu qu'ils soient obtenus sans violence, les plaisirs sont toujours licites. La tromperie même est permise. Dans le jugement suprême des âmes, les morts emploient des formules magiques pour tromper avec la complicité de leurs propres cœurs les quarante-deux dieux du tribunal d'Osiris. Sur terre, l'unique préoccupation est de tromper les fonctionnaires et les prêtres qui, comme administrateurs de la justice et comme représentants d'Ammon, incarnent les castes tyranniques par excellence.

※

Cette tyrannie, en vérité, n'est jamais insupportable. L'âme d'Égypte n'a pas de cruautés.

Quand un citoyen riche maltraite un de ses esclaves, la justice le déclare indigne de posséder des êtres humains. « Une action pénale — dit Révillout — suffit pour priver de sa propriété le maître qui frappe un esclave, ce qui doit étonner ceux qui ne connaissent des droits antiques que le romain, basé sur la force brutale. Le droit égyptien se fonde sur une morale religieuse, d'après laquelle c'est un crime de maltraiter un homme; et l'esclave est toujours un homme digne de la protection des dieux. » Le peuple supporte sans se plaindre, et peut-être sans la sentir, la double tyrannie des fonctionnaires et des prêtres, s'efforçant de vivre le moins mal possible en se servant de l'astuce, de la patience et du manque de scrupules pour conquérir un bien-être relatif. Comme il n'a ni grands besoins, ni grands idéaux, ce peuple désire avant tout et surtout gagner de l'argent et jouir. Parmi les conseils que le moraliste Ani donne à son fils, le premier et le plus important, c'est de se consacrer, de toutes ses forces, à être toujours riche. Avec l'or, on supprime la perpétuelle terreur des juges. Avec l'or, on achète les beaux vêtements, les bijoux agréables, les bons vins, les mets savoureux. Avec l'or, chacun s'assure, pour l'existence de l'au-delà, une tombe pleine de délices. Avec l'or, enfin, on obtient l'amour. Et ce que ne donne pas l'argent, la magie le donne. Aussi, le grand ressort de l'existence égyptienne c'est l'occultisme. Parmi les vingt ou trente contes qui se conservent, il en est fort peu où n'interviennent pas les forces mystérieuses. Même pour organiser les plus vulgaires distractions, les rois ont besoin de recourir à leurs mages : « Que l'on m'amène Zazamankou, — s'écrie Sanafroui, — car mon âme s'ennuie, et lui seul peut trouver la manière de la distraire. » Quand arrive le sorcier, il dit au monarque :

« Daigne cheminer vers ton lac et ordonne que l'on te prépare une barque avec toutes les belles filles de ton harem. Ton cœur se réjouira quand tu les verras aller et venir. Je réglerai tout ce que tu dois voir. Fais-moi donc porter vingt rames d'or et vingt rameuses qui aient de beaux corps, de beaux seins et qui ne soient pas mères. Ces femmes ne porteront comme vêtements que des voiles transparents. » Il est ainsi fait. Et les femmes vont et viennent, ramant, et le cœur du souverain se guérit de son ennui devant ce spectacle.

Pour cela, assurément, un roi qui ne serait pas Égyptien n'aurait pas besoin de mages. Mais, à Thèbes, rien ne peut se faire sans sorcellerie. De plus, avec la même facilité avec laquelle Zazamankou déshabille quelques esclaves d'amour, certains de ses collègues dans l'art d'enchanter imposent leurs volontés aux dieux. « Il y a des mots — dit Maspero — qui, prononcés d'une certaine manière, pénètrent jusqu'au fond de l'abîme; il y a des formules dont le son a une action irrésistible sur les êtres surnaturels, il y a des amulettes dont la consécration magique enferme un peu de la toute-puissance céleste. Grâce à leurs vertus, l'homme domine les dieux et oblige Anubis, Elot, Bastit, Sitou même, à le servir; il les irrite ou les calme, les éloigne ou les appelle, les oblige à travailler ou à lutter pour son propre compte. Quelques-uns emploient ce pouvoir formidable pour leurs affaires, pour la satisfaction de leurs passions ou de leurs rancunes. » Et si les dieux ont de si grandes raisons pour craindre la puissance des mages, comment les pauvres hommes ne trembleraient-ils pas devant eux? Depuis le pharaon jusqu'au dernier fellah, il n'y a pas, en effet, un seul Égyptien qui n'éprouve au fond de son âme un respect infini pour les enchanteurs. Maîtres de déchaîner les forces des esprits, des fantômes et des monstres, ceux qui ont lu les livres occultes de la suprême sagesse ont, entre leurs mains, les destins des malheureux mortels. D'un seul regard, ils causent les plus grands malheurs. Tout l'univers, enfin, est à la merci de leurs caprices et de leurs passions.

L'étonnant est que, vivant dans la peur de la magie et l'angoisse des prophéties fatales, l'Égypte antique ne tombe pas, peu à peu, dans une fièvre de terreurs et de perpétuelles inquiétudes. Avec moins de superstitions, le moyen âge européen se modèle un esprit d'anxiété. Mais le fond du caractère thébain est si clair, si souriant, on pourrait même dire si frivole, qu'il arrive à surmonter toutes les craintes du surnaturel. Hors des moments où quelque augure funeste le menace, le sujet du pharaon pense plus à jouir physiquement qu'à s'enfoncer dans des méditations sur les forces supraterrestres.

Chaque circonstance sert de prétexte au peuple pour se divertir. Les musiciens et les danseuses ne connaissent pas le repos. Les courtisanes non plus. L'amour est un rite universel et l'adultère va toujours uni à l'amour. Les cérémonies religieuses, elles-mêmes, se convertissent souvent en véritables saturnales. « Les textes du temple de Denderah — dit Moret — nous décrivent une cérémonie qui se célèbre au commencement de l'année, le 20 du thot, après la vendange. A cette époque, la déesse Athor et ses parèdres sortent du sanctuaire, pleines de jubilation. Les prêtresses montrent à la multitude les statues sacrées, au son des cymbales et des tambourins. Pendant cinq jours, tous les habitants de la cité se couronnent de fleurs, boivent sans mesure, chantent et dansent depuis le matin jusque dans la nuit. » Et cette fête n'est pas unique. Peu après se célèbre la fête bien nommée de l'Ivresse; un peu plus tard se déchaîne la formidable orgie de Bubaste que décrit avec tant de complaisance le calme Hérodote. Le pauvre peuple qui peine dans les ateliers et dans les champs profite de ces fêtes pour oublier ses préoccupations, ses fatigues et sa misère. Le vin et la volupté sont gais en Égypte. Pourvu que les inquiétudes ni les misères ne tourmentent pas leurs âmes, les bons citoyens de

Thèbes savent rire et chanter sous le moindre prétexte. Comparée à l'existence sordide de l'Espagne du « Lazarillo de Tormes », la vie de l'Égypte des contes populaires apparaît comme un véritable paradis. Ni les mendiants, ni les entremetteuses, ni les truands n'ont, au temps du grand Sésostris, ces visages sinistres qui vous épouvantent dans les tableaux du temps de Philippe II.

Sans doute, les fellahs se lamentent des injustices des scribes et les artisans maudissent leur mauvais sort.

Mais il n'y a pas, dans leurs gestes, de crispations désespérées, ni, dans leurs paroles, d'échos déchirants. Pourraient-ils, gouvernés d'une autre manière, organisés d'une façon plus parfaite, arriver à un bonheur supérieur? C'est possible. Mais ce n'est pas nous, hommes du xxe siècle, qui vivons au milieu de civilisations plus malheureuses encore, qui avons le droit de le dire. Et en tout cas, tel que nous le voyons dans les contes que nous venons de lire, avec sa sensualité ingénue et sa résignation tranquille, avec sa crédulité enfantine et son raffinement artistique, avec sa patience laborieuse et son idéal de justice, avec sa tolérance sociale et sa fantaisie religieuse, le peuple égyptien nous apparaît comme le plus satisfait de tous, parce que ses actes nous démontrent qu'il n'a pas la moindre notion qu'il puisse exister, dans le monde entier, un sort meilleur que le sien.

FIN

TABLE DES MATIÈRES

Préface	1
I. — Le Charme de Masr-el-Khaira	11
II. — Les Mosquées	51
III. — Les Restes de la race millénaire . . .	69
IV. — L'Université coranique du Caire . . .	89
V. — L'Art arabe	111
VI. — Les Femmes	133
VII. — Les Arabes errants	159
VIII. — Un Peuple de statues	179
IX. — La Tragédie des momies	199
X. — Le Nil	224
XI. — Le Secret des Temples	245
XII. — La Vie et l'Ame	281

Paris. — L. Maretheux, imprimeur, 1, rue Cassette.

www.ingramcontent.com/pod-product-compliance
Lightning Source LLC
Chambersburg PA
CBHW070608160426
43194CB00009B/1221